AUTEURS CÉLÈBRES

Armand SILVESTRE

HISTOIRES FOLATRES

PARIS
MARPON ET E. FLAMMARION
ÉDITEURS
RUE RACINE, PRÈS L'ODÉON

HISTOIRES FOLATRES

EN VENTE CHEZ LES MÊMES ÉDITEURS

OUVRAGES D'ARMAND SILVESTRE

EN PLEINE FANTAISIE
Eau-forte et illustrations de Beauduin.
1 vol. in-18. 5 fr.

POUR FAIRE RIRE
Gauloiseries contemporaines.
Illustrations et eau-forte de Kauffmann. 1 vol. in-18. 5 fr.

CONTES GRASSOUILLETS
Avec 3 eaux-fortes de Kauffmann. 1 volume in-18. 5 fr.

HISTOIRES BELLES ET HONNESTES
Illustrations et eau-forte de Kauffmann.
1 vol. in-18. 5 fr.

CONTES A LA COMTESSE
Splendides illustrations de Kauffmann. 1 vol. in-16. 5 fr.

CONTES DE DERRIÈRE LES FAGOTS
Illustrations de F. Lacaille. 1 vol. in-18 .... 3 fr. 50.

HISTOIRES JOYEUSES
1 vol. in-32. ... 60 cent.

ÉMILE COLIN — IMPRIMERIE DE LAGNY

ARMAND SILVESTRE

HISTOIRES
FOLATRES

PARIS
MARPON & E. FLAMMARION, ÉDITEURS
RUE RACINE, 26, PRÈS L'ODÉON

Tous droits réservés

HISTOIRES FOLATRES

LA DOUBLE IDYLLE

I

Une allée du bois de Boulogne pour décor, obliquement traversée par un de ces rapides soleils qui ont à peine le temps de boire la dernière averse aux cimes luisantes des feuillées.

N'avez-vous jamais dit des mots d'amour dans ces allées ?

Non ? Eh bien, tant pis pour vous, mes compagnons. Car elles sont charmantes par ces temps brouillés, tamisant une lumière humide, imprégnées qu'elles sont d'odeurs printanières et de sèves s'épanouissant en verdures attendries. Des frôlements d'ailes et des appels d'oiseaux y redisent l'émoi des êtres dans l'émoi fraternel des choses. A demi ployés par l'ondée, les gazons y ondulent suivant une double rive. Le sable mouillé y craque à peine sous les pas. C'est un lieu charmant, en vérité, pour y goûter l'oubli des heures, un bras ami pressant le bras, des mots vagues montant aux lèvres, dans la musique divine du silence.

O doux paysage, paysage citadin fait de mensonges, qui me rendra les instants exquis passés dans tes fausses solitudes, à deux pas de la ville bruyante, trompeuse Thébaïde où les serments s'envolent, où, sans se lasser, soupire l'amour!

II

Mais ce n'est pas de moi qu'il s'agit.

Elle avait seize ans, d'adorables cheveux blonds, des yeux fauves pailletés d'or comme deux gouttes d'eau-de-vie de Dantzig, un admirable teint de fausse rousse, une bouche d'un rose foncé comme le sang des mûres, la taille se dégageant des hanches comme la tige d'un lys des flancs rebondis d'une amphore, des mains dont la neige était légèrement rosée et des pieds faits pour marcher, comme ceux de la Vierge dans les missels, sur un chemin d'étoiles.

Elle s'appelait Angélique par-dessus le marché.

Lui s'appelait, s'il vous plaît, Séraphin.

Il avait vingt ans, la chevelure d'un Samson, des yeux d'un blond foncé très expressifs, une jolie barbe naissante, une stature apollonienne, des façons de gentleman accompli, en un mot, tout ce à quoi rêvent les jeunes filles.

Et ce que ces deux beaux êtres, en pleine floraison de jeunesse et d'amour, s'ennuyaient en marchant à côté l'un de l'autre, rien n'en saurait donner l'idée que la lecture d'un de ces bons morceaux de Revues qui vous endormiraient un condamné à mort pendant la fatale toilette.

III

Derrière eux, ou autour, et à vingt pas tout au plus, un couple bien différent savourait manifestement les tendresses infinies de la nature. M. Coculet, autrefois préposé en chef de l'octroi de Montsouris, dernier survivant du ménage Coculet, et père de Mlle Angélique, avait offert galamment son bras à Mme Ventose, veuve de Bernard Papoul Ventose, de son vivant notaire et réputé père du jeune Séraphin.

Avec son ventre en devanture, ses jambes trop

minces et ses bras trop courts, M. Coculet avait l'air d'une citrouille en rupture de couche. Longue comme un jour sans pain, maigre comme un discours de réception à l'Académie, couronnée de cheveux gris comme une pomme moisie, édentée comme une scie d'atelier, Mme Ventose aurait pu inspirer à elle seule le volume des *Ruines* de feu Volney.

Tout cela n'empêchait pas ces deux vieux de renifler, dans l'air alanguissant, un tas de souvenirs de jeunesse. Car ils avaient pas mal trompé ensemble, de son vivant, le tabellion Ventose. Aussi notre roquentin retenait-il amoureusement sur son cubitus boudiné, la main pâlotte et ridée de sa voisine, tandis que celle-ci penchait vers lui ses néants de seins avec une complaisance voluptueuse qui confinait à l'oubli des convenances.

Et savez-vous de quoi causaient ces deux

Débris d'humanité pour l'éternité mûrs ?

comme a dit si admirablement Baudelaire.

Tout simplement de leur prochaine union devant un curé authentique et devant un maire librement élu. Malvina exigeait de son petit Clodomir cette réparation. Ce serait certainement une consolation pour les mânes de feu Ventose qui, durant qu'il vivait, aimait beaucoup la régularité en toutes choses.

IV

Seulement il fallait d'abord avoir marié les enfants pour être ensuite tout entiers eux-mêmes aux voluptés conjugales et aux légitimes ivresses. Tout semblait convenir entre le jouvenceau et la péronnelle : l'éducation, l'âge et la fortune. Mais le malheur était que Séraphin avait un goût prononcé pour la société des cocottes. Mon Dieu, je ne lui en ferai pas personnellement un reproche. Je les préfère à beaucoup de femmes dont les prétentions sont plus considérables et ne sont pas davantage justifiées. Ce sont des personnes qui ne s'en font pas accroire à elles-mêmes, et c'est déjà une vertu, dans un monde où elles sont rares. Séraphin trouvait Mlle Angélique horriblement guindée, et une certaine urbanité naturelle l'empêchait, seule, de le lui dire franchement.

De son côté, ladite Angélique trouvait Séraphin sans idéal. Elle était un peu précieuse par tempérament, un peu hôtel de Rambouillet. Un faiseur de madrigaux lui eût paru infiniment plus aimable, fût-il infiniment moins bien tourné. J'ai souvent remarqué l'indifférence coupable des demoiselles à la plastique de leurs soupirants. Cela fait l'éloge de leur candeur, mais nous vaut une génération de magots bien ennuyeux à regarder.

Bref, Séraphin haussait doucement les épaules quand on lui parlait d'Angélique, et Angélique sortait de l'appartement quand on prononçait devant elle le nom de Séraphin.

C'était d'ailleurs pour les rapprocher que cette promenade au bois de Boulogne avait été organisée, et pour confondre leurs âmes dans la communion des ivresses printanières. On les laissait donc seuls exprès marcher en avant, et ils en profitaient pour ne s'adresser même pas la parole et pour faire assaut de minauderie. Mais le soleil intermittent et tiède, pourvoyeur des cœurs en détresse, n'en faisait pas moins son charmant et honteux métier. Jamais M. Coculet n'avait trouvé Mme Ventose plus excitante, et jamais Mme Ventose n'avait plus ardemment souhaité un colloque sous la feuillée renversée avec M. Coculet.

O amour, voilà bien de tes coups !

V

Une averse épouvantable.

Double métamorphose. Mme Ventose, qui avait une robe neuve, devient subitement insensible aux charmes de M. Coculet. Elle lui tient même quelques propos aigres et le traite de serin parce qu'il a oublié de prendre un parapluie. M. Coculet trouve « serin » peu parlementaire et murmure entre ses dents : « Vieille toupie ! »

On chercherait vainement les apostrophes imagées dans le langage des fleurs.

Cependant, par un mouvement instinctif, Angélique se rapproche de Séraphin qui, lui, avait pensé à tout, parce qu'il avait un chapeau neuf. Peu à peu elle se serre contre lui, de peur d'être mouillée, et sa jolie joue frôle l'épaule du jeune homme où passe comme un tiède frisson. Bientôt il lui suffit de s'incliner aussi légèrement pour respirer de plus près le souffle de la jeune fille. Que se passa-t-il entre eux ! Ma foi je l'ignore absolument ; mais, voici que, pour traverser un ruisseau qui n'était pourtant pas bien large, Séraphin soulève doucement sa compagne dans ses bras et que celle-ci s'abandonne à son étreinte de la plus languissante façon.

Pour le coup les deux vieux n'y tiennent plus.

— Ah ! ça, dites-donc, est-ce que votre fille a souvent de ces façons-là avec les hommes ?

— Est-ce que votre fils a l'habitude de prendre comme ça les demoiselles à bras le corps ?

— Votre Angélique, avec ses airs de nitouche, est une petite farceuse.

— Votre Séraphin est tout bêtement un malotru.

— Brisons-là, Monsieur Coculet.

— Il suffit, Madame Ventose.

— A mon flanc, Angélique.

— Séraphin, à mon côté.
— Je vous défends de revoir Monsieur.
— Et si vous parlez jamais à Mademoiselle, vous aurez affaire à moi !

. . . .

Et vous croyez qu'Angélique et Séraphin ont accepté cet adieu sans retour ? Maintenant qu'on les veut séparer, ils s'adorent. Angélique pioche son code et Séraphin lui déclare, par lettres enflammées, que les actes respectueux n'ont pas été inventés pour les chiens. Ils se marieront quoi qu'on fasse. Ce sera probablement une bêtise qu'ils feront. Je souhaite sincèrement à tous deux que ce soit la dernière.

LA LUNE

I

Tout est aux peintres maintenant, n'est-ce pas, et il serait incongru de vous conter une autre histoire que celle d'un des nombreux exposants que nous rencontrerons mardi au vernissage. Eh bien, non ! Celui-là précisément, vous ne l'y rencontrerez pas. Il n'a rien envoyé au Palais des Champs-Elysées cette année. Sa mésaventure de l'an passé lui est restée sur le cœur, et c'est d'elle que je vais vous entretenir, en ayant soin de taire discrètement son vrai nom.

Mais d'abord que je vous présente son meilleur ami d'autrefois.

Certes Matifas, de Marseille, n'est pas un exécutant sans talent. Il excelle à rendre les roses de la viande porcine et le poil toujours mouillé de coups de langue des veaux nouveau-nés. Les connaisseurs se pâment devant les luisants exquis de ses groins et les humidités délicates de ses mufles. Il possède, de la courbe en tire-bouchon que prend, dans les moments de joie, la queue du compagnon de saint Antoine, un sentiment très juste et très personnel. Il n'a pas de rival non plus dans le rendu des monticules frontaux par lesquels s'annoncent les futures cornes du bœuf en bas âge ; mais il ne faut pas le sortir de là.

Une fois, par ambition, il a voulu, désireux de la croix, faire le portrait du député de son arrondissement. Tout le monde, au Salon, s'est bouché les oreilles devant l'image, craignant que cet honorable se mît à beugler ou à grogner en cherchant des truffes. De cet échec dans la reproduction du visage humain, il est resté à Matifas une indicible haine contre les peintres de figure. Il les appelle à tort et à travers des « idéalistes ! » et il les méprise comme la boue des gros souliers avec lesquels il va chercher des sujets dans les étables et dans les bergeries. Il n'est pas, lui, de ces imbéciles qui croient à la noblesse d'un genre. Henner ! Puvis ! Carolus ! un tas de farceurs. Des littérateurs manqués ! Il n'y en a pas un qui serait capable de dessiner correctement un cochon, dernier mot de l'humanité dans ce qu'elle a de vraiment utile et précieux ! Lui, il s'en tenait au « morceau », comme il disait. Et il fait observer quelquefois que ceux du porc étant infiniment supérieurs, par le goût, à ceux de l'homme, ils doivent être aussi, *ip facto*, plus agréables à regarder.

Et cependant, avec son compatriote de la Cannebière, Cascamille (celui dont je vous dissimule le vrai nom bien autrement Marseillais) il avait commencé la peinture dans l'atelier de M. Yvon. Mais Cascamille avait mieux réussi que lui dans le classique. Aussi s'était-il jeté dans la révolution et avait-il voué une rancune personnelle considérable à son benoît compagnon... qui ne s'en doutait guère. Un autre motif d'envie le faisait d'ailleurs encore son ennemi. Cascamille avait épousé une femme charmante, douée du plus aimable relief, délicieusement bossuée là où il sied et où l'on s'assied, brune avec des yeux très doux, pas bégueule avec cela, et fidèle par-dessus le marché. Tandis que lui, Matifas, était possesseur aussi d'une femme fidèle comme Lucrèce, mais pour de toutes autres raisons. Personne n'eût pu avoir, en effet, l'idée de le faire cocu, tant cette tâche eût été désagréable. Maigre, sèche, sans ondulations charmeresses, d'un blond triste comme les chaumes en hiver, cette déplorable créature que le cochonnier avait épousée dans l'espoir de quelque fortune à venir, n'aurait eu quelque charme de succès amoureux que dans le voisinage des Quinze-Vingts dont son mari demeurait fort loin. Néanmoins les deux ménages se voyaient, si dissemblables qu'ils fussent. Celui du doux Cascamille absolument inconscient des jalousies effrénées de celui du haineux Matifas.

II

Cascamille avait appris à peindre à sa femme. Elle exposait l'an dernier, un paysage nocturne auquel il avait bien un peu retouché. Mais elle y avait mis, d'elle-même, la poésie intime dont les femmes ont vraiment le secret et c'était avec une mélancolie caractéristique qu'une large lune éclairait, de sa lumière d'argent, le grand bois qui fermait l'horizon du tableau, rideau d'ombre ramené sur la couche chaude encore du soleil. Cette lune était l'œuvre personnelle de Mme Cascamille, et son mari ne se lassait pas de l'admirer.

— Tu verras le succès qu'aura ta Lune au Salon ! lui disait-il avec une bonhomie charmante.

Et il se laissait à dire aux amis, dans l'intimité :
— Vous verrez la Lune de ma femme !

Ce qui les faisait sourire.

Et lui qui était farceur comme beaucoup d'artistes, riait en dedans d'une autre idée comique qu'il avait. Sa femme, en effet, ne lui servait pas d'élève seulement, mais aussi de modèle. C'était même son unique modèle, ce qu'il avait le soin de cacher d'ailleurs avec un souci jaloux. Songez donc aux inconvénients d'une indiscrétion en pareille matière ! C'était leur petit mystère, à eux deux, doux, familial et innocent. Elle se déshabillait devant lui avec des coquetteries exquises de maîtresse, et souvent la pose se terminait ailleurs que sur la table, sur le divan moelleux au pied duquel la chemise s'était abattue comme une colombe repliant ses ailes. C'était charmant ; on ne faisait de mal à personne, et c'était légitime par-dessus le marché. Les gens qui voyaient ces tableaux ne se doutaient guère ! C'était amusant comme tout. Et Cascamille avait des joies d'enfant mal élevé, dangereuses pour un mari, indécentes, mais naturelles, en entendant les visiteurs faire des remarques sur la beauté du corps qu'il avait copié, remarques qui n'étaient jamais que des cris d'admiration. Cette année-là, il avait envoyé une baigneuse, une figure de femme vue de dos, et je vous prie de croire que celui de Mme Cascamille faisait merveille dans un beau développement d'amphore vivante, d'élargissement aux hanches, avec de beaux luisants d'argile rose dans laquelle on aurait pêché quelques ibis. Oh ! la merveille que c'était, et bien faite pour l'extase des honnêtes gens qui sont, en amour comme en politique, pour les institutions solidement assises et non pour les rêveries dénuées de fondement.

— Tu es sûre, au moins, que personne ne sait que c'est toi ? avait demandé le peintre à sa femme qui avait quelquefois des craintes sur sa discrétion.

— J'en suis sûre, avait-elle répondu.

Et elle était de bonne foi, tout en mentant ce qui arrive quelquefois, car elle n'avait rien révélé qu'à celle qu'elle croyait sa meilleure amie, et, de plus, incapable de la trahir, cette affreuse Mme Malifas, qui n'avait rien eu de plus pressé que de confier, à son tour, la chose à son mari, là sur l'oreiller, où ces deux vilaines bêtes n'avaient vraiment rien de mieux à faire qu'à dire du mal de leur prochain. Au reste, les gens laids ne sont généralement méchants que parce qu'ils ont à occuper le temps que les autres passent à faire l'amour.

III

Le drôle avait en mains la vengeance longtemps mûrie.

Comme tous les hommes de talent médiocre, il excellait dans l'intrigue et avait les plus utiles relations. Admis à tous les conseils relatifs au placement des tableaux, après avoir installé sur la cimaise le portrait du cochon couronné au dernier concours il prit grand soin que le tableau de son ami Cascamille fût également mis en bonne place et fit admirer, à tous, ses sentiments de camaraderie, à cette occasion. Mais dans le brouhaha de l'emménagement des toiles, nul ne s'aperçut qu'il avait interverti les numéros afférents aux deux tableaux de M. et M⁣ᵐᵉ Cascamille, lesquels continuaient à figurer au catalogue dans la réalité de leur première affectation. C'est ainsi que la *Baigneuse*, qui avait par destination le n° 69, prit le n° 100, tandis que le paysage lunaire qui, tout naturellement, était indiqué primitivement sous le n° 100, prit le n° 69. Le tour était joué.

Le jour du vernissage arrivé, Cascamille envoyait tous ses amis au n° 69, en leur disant, suivant la formule sacramentelle :

— Regardez la Lune de ma femme ; on en mangerait !

O : bien :

— Allez-donc tâter un peu de la Lune de ma femme !

Et le malheureux croyait sincèrement les expédier au paysage de M⁣ᵐᵉ Cascamille.

Mais l'infâme Matifas, qui veillait au n° 69, devenu celui de la *Baigneuse*, recevait les invités et leur faisait les honneurs du derrière de la femme de son ami, ajoutant avec une pudeur hypocrite :

— Je ne comprends pas que ce malheureux Cascamille ait raconté à tout le monde que sa femme avait posé pour le morceau de nu. Mais enfin, puisqu'il a le cynisme de s'en faire gloire, eh bien, oui ! c'est la Lune de M⁣ᵐᵉ Cascamille.

Et il ne fut question que de la Lune de M⁣ᵐᵉ Cascamille durant tout le temps que dura cette première journée d'exposition publique. La Lune de M⁣ᵐᵉ Cascamille fut sur toutes les lèvres. Heureuses lèvres, mes enfants! C'est une admirable religion que celle où l'on communie sous de pareilles espèces. Le soir seulement, Cascamille, qui se croyait heureux du succès du paysage de sa femme, app... la terrible vérité. Des puritains lui refusèrent la main. Des malappris l'appelèrent cochon. Tout le monde blâma le sans-façon avec lequel il faisait l'article pour les charmes de sa femme. Et voilà pourquoi vous ne verrez rien, cette année, de cet artiste aussi fidèle au grand art que malheureux.

CONTE D'ANTAN

I

Un conte de mari trompé, alors? Certes. Nos aïeux aimaient beaucoup ce genre d'aventures. Ainsi nous ont-ils fait croire que nos grand'mères étaient infiniment légères, ce qui est vraiment bien gênant pour les généalogues. Quelle incertitude dans nos origines! Qui de nous se peut vanter de descendre de ceux dont il porte le nom? Mais ainsi s'expliquent aussi, par un fait d'atavisme illégitime, mille instincts qui sont en nous et que ceux qui font profession d'être les auteurs de notre race, n'y auraient mis que difficilement.

Combien de gens semblent aujourd'hui n'avoir d'autre vocation nette que celle d'être empereur d'Occident? Et cependant, il n'y en a pas, de la couronne de Charlemagne, pour tout le monde.

C'est moins loin que la dynastie des Carlovingiens et même que celle des Capétiens que je cherche mon royal ancêtre et je suis fort porté à croire que la vertu de saint Louis ne fut pas à l'épreuve des charmes d'une mienne aïeule. Car si on me demandait l'occupation que j'aimerais le mieux au monde, ce serait, — répondrais-je — de rester tout le jour assis sous un chêne, à entendre chanter les oiseaux, en faisant semblant de juger mes contemporains. Je n'ai en effet aucun goût pour la magistrature; mais j'adore la voix des fauvettes et des merles sous le rideau tremblant des feuillées.

Il se pourrait cependant que ma généalogie remontât simplement jusqu'à Dagobert. Car, plus d'une fois, quand un malencontreux me venait déranger dans mes offices adultérins, il m'est arrivé d'enjamber par le mauvais bout le surplus que les gens mal élevés appellent culotte.

C'est d'ailleurs une histoire de ce genre que je vous vais conter, après ce menu préambule dont le seul but est de vous montrer que je suis un penseur et un philosophe, en même temps qu'un auteur badin.

II

Que dame Gertrude, légitime épouse du sieur Honorat Mouillevesse, veilleur de nuit de son état, à Toulouse, où il y a encore des veilleurs de nuit, fit porter un chapeau en croissant, comme celui de dame Diane, à son insupportable époux, ce n'était un mystère pour personne dans la rue Cantegril, une des plus anciennes de la romaine cité. — Et, que ce fût en compagnie de l'homme d'armes Barbensac, le meilleur ami de Mouillevesse, ce n'était, pour quiconque, un étonnement. Car l'adultère, vainement flétri par les codes et battu en brèche par le divorce, n'en demeure pas moins l'ordinaire ciment des affections durables, entre gens du sexe vilain.

La chose était d'autant plus plausible, congrue et essentielle, que dame Gertrude était une avenante commère, assise non pas sur un modeste cantalou, mais bien sur un potiron gigantesque à deux côtes seulement. Mais quelles côtes ! Je ne mentionnerai pas, comme dans le *Cantique des Cantiques* : *quod intrinsecus* (ne pas prononcer : entre ses cuisses) *latet*, un bout de latin ne fait jamais mal pour se tirer des descriptions malaisées.

Ajoutez que notre Barbensac était autrement fichu que le fâcheux Honorat, lequel avait l'air d'une mortadelle à pattes, bien pris qu'il était (Barbensac, pas Mouillevesse) dans sa taille robuste, galant avec cela, empressé au déduit, comme disaient nos pères, et ayant tout à fait le genre d'esprit qu'aiment les dames, celui qui n'aura son siège dans le cerveau que lorsque nous nous coifferons la tête avec des culottes.

Heureux trio, n'est-ce pas ? Chacun y faisait

consciencieusement sa partie. Barbensac y chantait en ténor, Gertrude en soprano, et Mouillevesse brodait sur tout cela, en faux bourdon. J'entends qu'il ronflait comme un orgue dans les passages où son ami poussait des sons plus drus que ceux d'une petite flûte. Ah! le joli galoubet qu'avait ce porteur de flamberge, et comme sa mie Gertrude en aimait la musique !

C'était un accord parfait entre ces trois êtres bénis de Dieu, une harmonie vraiment touchante. Ah! vilain imbécile de Mouillevesse qui vient interrompre le concert, en rentrant chez lui juste trois heures avant le moment où il y était attendu !

Mon Barbensac, qui n'aurait pas compromis une femme pour la croix du mérite agricole de ce temps-là, où le poireau était déjà en usage dans les pot-au-feu familiaux, — a bien vite, comme c'était son devoir, sauté par la fenêtre. Mais il a dû laisser épars, sur le plancher de la chambre, les vêtements qui lui permettaient d'ordinaire de se montrer congrûment dans la rue.

— Qui vous ramène à cette heure, paresseux? s'était écriée dame Gertrude en colère.

— Une simple colique, mon amour, avait répondu doucement le doux Honorat.

— Au moins, n'allumez pas de flambeau, pour ne me pas éveiller davantage !

— Si, cependant, je me perdais en chemise...

Il n'eut pas le temps d'achever, bien qu'il eût déjà laissé tomber à terre son haut de chausses. Une voix désespérée criait, sous la fenêtre : au secours ! au secours ! Et quelle voix !

Celle de Barbensac que des coquins étaient en train de détrousser du peu qui lui restait sur le corps, j'entends de ses jarretières.

N'écoutant que sa valeur, Mouillevesse saisit son arquebuse et s'élança à la défense de l'opprimé. La mèche de l'arquebuse était mouillée et le coup râta ; mais la colique inassouvie du courageux citoyen s'exhala en ce moment en une détonation salutaire qui donna le change aux coquins et les dispersa comme l'eût pu faire la plus authentique fusillade. Vous voyez qu'en telle circonstance, il est toujours bon de se tenir, comme on dit entre pétardiers musicaux, au cran d'arrêt.

III

Dans quel état t'ont mis ces drôles ! s'écria le vaillant Mouillevesse, en apercevant son ami à demi-nu.

— Ils ne m'ont laissé qu'une jarretière, répondit impudemment Barbensac.

— Viens-t'en donc te couvrir à la maison. Je te prendrai le nécessaire dans ma garde-robe.

— Hum ! pensa Barbensac, est-ce bien prudent ? Mais que faire ? Il invoqua son patron, en dévot militaire qu'il était, en même temps que grand faiseur de cocus. Le bienheureux dont il portait le nom lui inspira de s'abandonner à sa bonne étoile. Vous jugez du nez que fit dame Gertrude, en entendant, dans l'escalier, les deux voix mêlées de son mari et de son amant. Mais, en femme experte, elle jeta par la croisée l'unique briquet qui fût dans la maison, et, le pauvre Mouillevesse eut beau pester en le cherchant, force lui fut de continuer à se passer de lumière. Si encore la lune était venue à son secours, sur son joli char de nuées que traînent d'invisibles colombes dont les yeux sont les étoiles?... Mais non ! Dans le ciel, comme dans le lit de dame Gertrude, la lune était enfouie sous de mystérieuses profondeurs.

Celle-ci se leva cependant — madame Gertrude, pas la lune — et dit :

— Allons ! maladroit que vous êtes, je vous veux aider.

Et, à tâtons, très adroitement elle repigea, un à un, sur le parquet, tous les habits de Barbensac et les lui passa dans l'ombre dont celui-ci profita sournoisement pour lui voler encore quelques caresses à la dérobée, en pinçant ici et là, partout où c'était dur, de préférence, et lui tutoyant les postérieures assises avec infiniment de sans façon. Quand l'homme d'armes fut complètement vêtu, il prit de la poudre d'escampette et notre Honorat, enchanté, se mit à son tour au lit et voulut continuer, avec son épouse, la conversation familière et fondamentale commencée par le militaire. Mais madame Mouillevesse le nomma libertin et le pria de la laisser tranquille.

— Cela est fort mauvais, lui dit-elle, pour les gens qui ont la colique.

Et le pauvre homme, vainement, l'assura qu'il ne se sentait plus gonflé, même d'un simple zéphir.

IV

— Mes habits neufs, madame la mijaurée, fit le veilleur de nuit, le lendemain matin.

— Et pourquoi donc, monsieur ? pour aller courre les drôlesses peut-être, et trouver ailleurs ce que j'ai dû refuser à votre intempérance ?

— Tu sais bien que non, ma mie, bien que le merle de la débauche ne soit pas à dédaigner, faute de la grive conjugale. Mais toi-même as, sans doute, prêté à Barbensac mes habits de tous les jours, cette nuit, et il faut bien que je me vête aussi.

— Vos habits de tous les jours ? Mais ne voyez-vous pas, ivrogne, qu'ils sont à leur place ordinaire sur cet escabeau ?

— Alors c'est mes neufs que tu lui as mis sur le dos ?

— Vos habits neufs ! Mais regardez-les donc, pendus dans cette armoire !

Mouillevesse écarquillait des yeux stupides d'étonnement.

— Je l'ai maintenant, maroufle, le secret de votre colique. Vous aviez bu au point que vous vous êtes fait en dormant un tas de sottes idées !

— Comment ? Barbensac n'a pas été attrapé cette nuit et dépouillé comme un ver par des faquins ?

— Je ne sais ce que vous voulez dire.

— Je ne l'ai pas ramené ici pour le remettre en état de sortir ?

— Tout cela s'est passé dans votre imagination. Tenez, sac-à-vin, voilà ce que mérite votre conduite !

Et Mme Mouillevesse gifla son mari, qui finit par lui demander pardon, en avouant qu'il avait, en effet, absorbé avec un compagnon un verre de cervoise.

— On falsifie tellement les boissons, aujourd'hui ! balbutia-t-il pour son excuse.

Vous voyez que ce qui se dit aujourd'hui se disait autrefois déjà, et que rien n'a changé dans ce monde — pas même la vertu des femmes et la perfidie des limonadiers.

LE CHEVALIER DE HERENTHAL

I

Il y avait réunion intime, ce soir-là, chez le vénérable Mathias Van der Plottlabonn, bourgmestre de la bonne ville de Nivelles, en l'an de grâce 1456, et petit-fils de ce glorieux Boniface Van der Plottlabonn qui mourut héroïquement à la bataille de Wœringen, s'il en faut croire le chroniqueur poète Jean Van Heln. Ledit magistrat, sa sœur Mélusine, veuve du célèbre alchimiste Van Danus, le capitaine Van den Fessambrée et le juge Van den Culott achevaient une mirifique partie d'oie, tandis que la belle Jehanne aux cheveux d'or, sa fille, brodait en compagnie de quelques sages demoiselles, ses amies, une chasuble d'or pour l'abbé Van den Bringue, chapelain de Notre-Dame.

Tout à coup, le chevalier Lothaire de Herenthal, qui ne faisait que pousser, depuis deux heures, des soupirs à fendre une bûche de Noël, se leva pour prendre congé de ses hôtes.

— Attendez un instant, chevalier, lui dit le bon bourgmestre. Il pleut à ne pas mettre un hérétique dehors.

— Voulez-vous mon parapluie de soie cuite, mon cher Lothaire ? continua affectueusement sa sœur Mélusine.

— Ma litière vient me prendre tout à l'heure et est à vos ordres, poursuivit le capitaine Van den Fessambrée.

— Ma mule blanche sera dans un moment à votre service et vous pourrez vous cacher derrière ses oreilles, conclut le juge Van den Culott.

Mais le chevalier Lothaire de Herenthal fit sonner son gantelet de fer sur sa lourde armure qu'il ne quittait jamais, même pour aller dans le monde.

— Avec cela et l'aide de Dieu, je ne crains pas l'humidité, dit-il d'une voix sombre.

Et exhalant un mugissement sourd, comme celui d'un boulanger qui geint sous son fardeau de pâte, il sortit, traînant un bruit de ferraille sur ses talons.

— Je crois que le chevalier a trop mangé de navarin, hasarda d'une voix flûtée le juge Van den Culott.

— J'estime plutôt que c'est d'amour qu'il souffre ! répondit la sentimentale Mélusine en levant vers le plafond ses petits yeux gris dont les cils blanchissaient.

II

Et, de fait, elle avait raison, la sentimentale Mélusine, d'estimer que le chevalier Lothaire de Herenthal souffrait d'amour. Seulement, elle avait tort de penser que fût pour elle, qui était vieille, laide et mal conservée, ayant, de plus gardé, de la cohabitation avec son premier mari, une odeur de souffre et de fœtus mariné qui faisait horreur aux nez délicats. Certes, il était violemment épris, le vaillant homme d'armes, et pour une fleur tombée du corsage de brocart de la belle Jehanne aux cheveux d'or, il eût donné sa meilleure cuirasse et sa plus longue épée, avec la moitié de son cœur dans celle-ci et le reste au bout de celle-là. Mais, comme beaucoup de gens de guerre qu'un joli minois fait plus trembler que la peur de la mort, il n'osait rien dire du mal qui le brûlait à celle qui l'avait allumé, et se contentait d'en souffler bruyamment la fumée sous forme de soupirs. J'ai connu de ces timides qui, pareilles aux bons poêles hollandais, cachent, en eux, une chaleur extraordinaire que quelques bouffées de vapeur blanche révèlent, seules, au dehors. Mais ce n'est pas avec des bruits de soupape qu'on conquiert le cœur des jeunes filles, et le pauvre chevalier s'évaporait en pure perte pour une cruelle qui ne se souciait pas plus des vents qu'une fleur de serre.

Il marchait donc, pensif et désespéré, sous l'averse qui, le long de l'acier poli de son armure, s'épanchait comme une source et s'éparpillait en une rosée d'argent. Il songeait que le trépas valait mieux qu'une telle torture et qu'il partirait certainement pour la prochaine guerre, résolu à n'en pas revenir.

III

Dix heures ! Le carillon joyeux des cloches les jetait, une à une, du faîte du beffroi d'où elles s'envolaient, comme de nocturnes oiseaux, dans dans la solitude mouillée et silencieuse du paysage. Le chevalier passait justement près de l'église et le dernier coup venait de tinter, quand un gémissement retentit sous le porche même du vieil édifice, si douloureux et si poignant que l'âme du bon chevalier en fut remuée jusqu'au fond.

— Quelque femme en mal d'enfant sans doute,

et qu'il faut secourir, fit-il en s'élançant vers la porte gothique.

Mais, au lieu d'une accouchée, ce fut un petit homme qu'il y trouva, un petit homme velu et grimaçant qui se tordait à terre. La pluie ayant cessé tout à coup et un rayon de lune ayant glissé entre deux nuages, le chevalier recula d'épouvante en apercevant une double corne au front de ce possédé.

— Le diable! hurla-t-il.

Et il tira sa lourde épée en jurant.

Mais le diable — car c'était bien lui, en effet — se jetant à ses genoux et, les embrassant de simiesques étreintes :

— Ayez pitié de moi, chevalier!

Et il ajouta, avec un ricanement infernal :

— Ou je vous revaudrai ça dans l'autre monde.

Le chevalier s'arrêta en se signant.

— Imaginez-vous, continua l'ange déchu, que je m'étais glissé dans le saint lieu pour y changer l'eau du bénitier, ce qui est une de mes fumisteries favorites, quand le sacristain me surprit et me battit, sur le chef, quatre ou cinq mesures de goupillon en *ut* majeur qui m'étourdirent prodigieusement. Je me sauvai, mais le misérable me poursuivit, si bien qu'en refermant brusquement cette porte que je venais de franchir, il me prit le bout de la queue entre les battants. Me voici prisonnier. J'ai la queue si longue depuis que les hommes me tirent par là! — De grâce, chevalier, soyez généreux: D'un coup de votre glaive, tranchez-moi cet appendice. La liberté vaut bien ce que j'en laisserai à cet huit de malheur! D'autant qu'il me gênait pour m'asseoir.

— Et que feras-tu pour moi si je te délivre !

— Tout ce que tu me demanderas, répondit le diable, par Belzébuth mon patron!

— Eh bien soit, dit le chevalier, mais écoute bien ce que je veux : Je veux que tu me donnes le pouvoir d'exprimer mes pensées à distance, sans le secours de la parole.

— Explique-toi mieux, mon bon Lothaire.

— Je veux, par exemple, pouvoir faire la cour à une personne que j'aime sans avoir besoin de lui exprimer moi-même mes sentiments. En d'autres termes, je veux qu'une partie de mon âme coupée en deux, comme ta queue quand je t'aurai rendu la liberté, lui aille conter tout ce que j'éprouve, tandis que l'autre partie me restera pour jouir silencieusement des succès que l'éloquence de sa sœur ne saurait manquer de lui obtenir.

— Compris ! dit le diable. Voici le mot magique par lequel tu opéreras ce doublement de ton esprit : *Barapatachippandouille*. En le prononçant une seconde fois, tu reprendras l'intégrité de ton âme.

— Vlan ! fit le chevalier, et la queue poilue du diable volant en deux tronçons sous son formidable coup d'estoc, celui-ci s'enfuit avec un grand éclat de rire.

IV

Le premier soin du chevalier Lothaire de Herenthal fut de retourner chez le bourgmestre, où continuait la partie d'oie un instant interrompue par son départ.

— Avez-vous oublié quelque chose, chevalier? lui demanda affectueusement la sentimentale Mélusine.

— Non, madame Van Danus, répondit simplement le libérateur du diable. Mais, comme il ne pleuvait plus, j'en ai profité pour revenir.

— M'aime-t-il assez ! pensa la sentimentale Mélusine.

Cependant l'homme de fer, ayant passé son mouchoir sur sa cuirasse trempée, s'adossa à la cheminée, et fixant sur la belle Jehanne aux cheveux d'or ses prunelles ardentes, prononça le cabalistique propos que lui avait appris Satan.

Alors commença entre elle et lui une conversation électrique, muette, incompréhensible pour tous, mentale et surnaturelle, qui fit tour à tour rougir et sourire la jeune fille.

— Que diable as-tu, mon enfant? demanda le bourgmestre intrigué.

— Rien, papa ! dit la belle Jehanne.

Il paraît que le chevalier fut pressant et que le diable avait fait largement les choses ; car, au bout de neuf mois, jour pour jour, ou mieux soir pour soir, par un miracle dont le saint Evangile avait jusque là le monopole, la belle et pure Jehanne dota la ville de Nivelles d'un citoyen tout neuf.

Le bourgmestre Van der Plottlabonn, qui avait des préjugés, entra dans une fureur épouvantable, et, comme il était aussi violent qu'intolérant, il tua le capitaine Van den Fessambrée et le juge Van den Culott, les accusant successivement d'avoir apporté le déshonneur dans sa maison.

Pendant ce temps-là, cette canaille de chevalier Lothaire de Herenthal se frottait les mains et faisait le dévot dans les églises pour détourner les soupçons.

Et l'audace lui venait avec l'impunité de ce premier forfait ; devenu aussi inconstant qu'amoureux il renouvela l'expérience sur toutes les demoiselles de la ville, si bien, qu'en moins d'un an, la population de Nivelles s'accrut d'une foule de marmots que leurs grands-pères envoyaient à tous les diables et qui emplissaient la ville de leurs piaillements illégitimes.

V

Mais la patience de Dieu se lassa enfin.

Elle attendait le coupable chevalier à un dernier méfait. Après ce massacre de fleurs, force fut bien à cet infâme Lothaire de se tourner vers les fruits, et même vers les fruits mûrs. C'est ainsi qu'il eut l'infernale idée de répondre enfin à la flamme (cette image est hardie peut-être, mais elle n'est pas de moi) de la sentimentale Mélusine. C'est là que la Providence vengeresse l'attendait. Plus puissant que le diable, Dieu, après avoir laissé au chevalier employer une dernière fois le mot magique pour effectuer cette suprême folie, le lui fit subitement oublier. Si bien que, malgré lui, celui-ci dut continuer à faire sa cour à Mme Van Danus, bien au delà du temps où cette cour lui était agréable, faute de pouvoir rentrer dans la moitié de son âme qu'il avait envoyée à sa conquête.

Ce fut bientôt un épouvantable supplice; car ayant tout lieu de se croire sûre de l'amour du chevalier, la sentimentale Mélusine devint insupportable, acariâtre, despotique, jalouse sans raison, comme font d'ordinaire les femmes qui ne craignent plus l'abandon. De plus, le vénérable Mathias Van der Plottabonn força le pauvre Lothaire à épouser sa sœur, sous prétexte qu'il l'avait compromise par de longues assiduités. Et c'est ainsi que vingt ans encore après cette aventure, parfaitement inexacte d'ailleurs, on pouvait lire sur l'enseigne d'une petite boutique dans laquelle deux vieux se querellaient du matin au soir et s'injuriaient sans relâche, ces mots manquant absolument de prestige :

LOTHAIRE DE HERENTHAL,

PHARMACIEN DE PREMIÈRE CLASSE

Successeur de Van Danus.

LE DE PROFUNDIS DE HUGUETTE

I

> Ainsy notre temps regrettons
> Entre nous, pauvres vieilles sottes,
> Assises tout à cropettons
> Et dans un coin comme pelottes,
> Auprès d'un feu de genevrottes
> Tôt allumées et tôt éteintes...
> Et pourtant fûmes si mignottes !
> — Ainsy en pend à maint et maintes.

Ces vers de notre vieux Villon sont l'épigraphe naturelle de l'histoire que je vais conter. Car cette histoire est du temps où il les écrivait dans quelque cabaret avec Margot sur les genoux, et ils exhalent la plainte de vieilles drôlesses et filles galantes sur le retour comme celle dont je vais vous parler.

Car ce n'avait pas été une vertu, au moins, que cette Huguette la Haulmière, ainsi surnommée des clercs, hommes d'armes, et basochiens, pour la coiffure qu'elle portait au temps, de ses folies, et que nous retrouvons étendue sur un grabat, dans une chambre froide, suant les cruelles rosées de l'agonie, les doigts déjà raidis par la mort et pelotonnant nerveusement les draps grossiers de sa misérable couche. Ah! non, ce n'avait pas été une vertu! ç'avait même été la plus franche débauchée du quartier qu'elle habitait, lequel était précisément le plus joyeux de Paris et le plus fréquenté des gens de plaisir. Combien avaient tenu dans leurs bras ces chairs jadis roses et blanches, maintenant jaunes, ridées et flétries! Combien avaient mis leurs lèvres ardentes à cette bouche autrefois purpurine et souriante, aujourd'hui râlante et édentée! Combien l'avaient appelée : mon amour! qui se détourneraient avec horreur d'elle! Combien avaient mis à ses pieds des fortunes acquises ou volées qui, hier, lui auraient refusé un morceau de pain! Car elle avait été, tout comme une autre, la fille rapace qui aime l'or, mais simplement pour le laisser couler entre ses ongles comme un Pactole, non pour en faire de sages épargnes. Aussi la vieillesse était-elle venue, toujours inexorable, mais plus cruelle encore par la compagnie du dénûment. Un à un, les oripeaux qui la rendaient si fière et affolaient les cavaliers autour de sa beauté étaient passés aux mains du juif crasseux, et ses bijoux, rachetés à vil prix, pendaient aux bras et aux oreilles d'autres filles qui ne les garderaient pas davantage. Car la Débauche a des héritages qui se transmettent ainsi de générations en générations.

Ainsi Huguette, aussi pauvre que Job, et pour de moins nobles infortunes, s'apprêtait à exhaler sous un toit vide, aux ais branlants comme sa propre tête, une âme qui n'avait guère cessé d'être au diable, à en juger par les œuvres peu édifiantes de sa vie.

II

Auprès de son lit, guettant ses dernières convulsions avec une curiosité sans vraie douleur, étaient venues des compagnes de sa jeunesse, vieilles et décrépites comme elle, et qui n'avaient pas plus saintement vécu : Jehanne Corbeau, qu'on appelait ainsi, parce que ses cheveux avaient été noirs comme la nuit avant d'être blancs comme une aube d'hiver; Isabeau la Flave, dont une véritable toison d'or baignait naguère les épaules aux rondeurs abolies; Germance la Moufflue, dont l'appétissant embonpoint avait jadis tenté les jouvenceaux, et dont les os grinçaient maintenant comme des girouettes rouillées : toutes joyeuses filles de la Bohême d'antan, triste troupeau que le Temps poussait à coups de fouet vers la tombe banale qu'aucun souvenir ne fleurit.

Cependant, quand le prêtre était entré dire à l'agonisante les mots consolants de la suprême miséricorde et toucher, avec les huiles saintes, son front inondé et ses chevilles frissonnantes, elles s'étaient agenouillées, avec une extraordinaire ferveur, poussant des sanglots à fendre les murailles déjà délabrées, exhalant des : Hélas ! des : Seigneur ! des hi ! et des ha ! à faire miauler de jalousie tous les chats du quartier. Huguette, elle, semblait prier, et l'homme de Dieu dût partir, espérant qu'une grâce tardive était venue à cette grande pécheresse, et qu'un purgatoire très sortable allait s'ouvrir devant ses remords. C'était au temps où tous croyaient à la poétique légende de Madeleine.

Mais, quand il fut sorti, les Hélas ! les Seigneur ! les hi ! et les ha ! rentrèrent dans toutes les mâchoires aux crocs flottants, et les trois vieilles, trouvant que leur amie mettait bien longtemps à mourir, allèrent s'asseoir auprès du feu, se contentant de jeter, de temps en temps, un regard sur la couche où celle-ci haletait dans les affres suprêmes, simple histoire de savoir si on ne pourrait pas aller se coucher bientôt.

Mais Huguette avait toujours été d'une nature indiscrète, très égoïste au fond, et incapable de hâter par complaisance même son dernier soupir. Ce n'est pas tous les jours qu'on trépasse, et elle s'en donnait de trépasser à son aise, en se moquant pas mal des commodités de ses voisines.

III

Cependant celles-ci, qui commençaient à en avoir assez, causaient à demi-voix pour se distraire, dans la rougeur tremblotante de la haute cheminée.

— Vous rappelez-vous, disait Jehanne Corbeau, le joli clerc que cette mâtine de Huguette avait essayé de me voler? Car elle n'était pas autrement délicate! Il est devenu conseiller et gros comme un muid. Je n'en voudrais pas aujourd'hui pour la bénédiction de notre Saint-Père. Car, si j'ai changé d'âge, je n'ai pas changé de goût. Le seul homme qui me puisse plaire est taillé sur ce patron : blond avec des yeux bleus, mince, l'air mélancolique, rêveur, et ne parlant que de choses éthérées. J'adore l'homme qui me fait pleurer. N'êtes-vous pas de mon avis, Isabeau?

— Moi, pas le moins du monde! répondit la Flave de sa voix de crécelle; je n'ai aimé que les lurons. Mon type était bien différent du vôtre. Vous savez bien, ce marchand de draps à qui cette effrontée de Huguette s'avisait de faire les yeux doux. — Car, maintenant qu'elle ne peut plus nous entendre, nous pouvons bien le dire, c'était une vraie peste que cette fille-là. — Eh bien! c'était mon idéal. Pas bien grand, tout petit même, l'air pas distingué, commun si vous y tenez, manquant d'élégance, mal fait au demeurant, mais toujours quelque histoire joyeuse sur les lèvres ou quelque belle chanson. Buvant sec, riant aux larmes, se moquant de tout. J'adore l'homme qui me fait rire. Je suis certaine que Germance pense absolument comme moi.

— C'est en quoi vous vous trompez, ma belle, riposta la Mouflue. Je n'aime l'homme ni haut ni languissant comme le saule cher à Jehanne, ni bas et rabougri dans sa gaieté comme le veut Isabean.

— Comment vous le faut-il donc, ma commère !

— Je vais vous le dire. Mais vous n'avez pas oublié le bel homme d'armes dont Gertrude — Dieu ait son âme, mais la sale créature que c'était ! — avait tenté la conquête sous mes yeux ? Six pieds de taille, une poitrine large comme un rempart de ville, des bras à briser un arbre en l'étreignant, des jambes à faire vingt lieues sans fatigue, bête comme une oie, mais aimant bestialement la femme, stupide dans la passion, mais convaincu, ne vous laissant pas le temps de pleurer ni de rire. Voilà encore ce qu'il y a de mieux.

IV

— Elle a raison ! murmura une voix hoquetante, dont le timbre, extra-humain, sonna comme une volée de glas aux oreilles des vieilles épouvantées. Car ces mots inattendus sortaient de la couche de Huguette, et un grand soupir les suivit, que suivit lui-même un grand silence.

Alors Isabeau la Flave, Jehanne Corbeau et Germance la Moufflue, terrifiées, se levèrent et, sur la pointe des pieds, s'avancèrent vers le lit dont aucun souffle n'indiquait plus la place. Huguette, immobile, semblait y dormir la bouche ouverte, les yeux grands ouverts.

Elle était morte.

C'était son dernier soupir qu'elle avait exhalé avec cette remarque, où se résumaient les consciencieuses études d'une vie tout entière.

M'est avis que le diable a dû vous repincer son âme sur ce propos-là et l'emporter vers les rôtissoires éternelles, nonobstant les paroles de paix dont le prêtre avait absous ses antiques péchés.

LES CHEVALIERS

I

Je suis, par principe, pour les actualités rétrospectives. La belle affaire que de nous parler toujours du présent! Comme si ce n'était pas assez d'être condamné à le voir, sans qu'on nous en rebatte les oreilles. A la bonne heure le passé dont d'autres que nous ont souffert, puisque le secret des ennuis que l'avenir réserve à nos petits-neveux demeure voilé d'un impénétrable mystère! D'ailleurs, ce qui était vrai hier peut l'être encore demain. Les événements ont leur logique et il suffit de mettre les choses dans le même état et les hommes sous les mêmes impressions pour que d'identiques événements se reproduisent. Ainsi dans la cornue du chimiste le mélange des mêmes éléments aboutit à un invariable précipité. C'est donc, si vous y consentez, en 1833, que se passera l'aventure dont je me fais le narrateur. Comme beaucoup d'entre vous, mesdames, étaient encore à l'état de projets, en ce temps-là, je me permettrai de vous rappeler que le roi Louis-Philippe y était assez mal affermi sur son trône, les partisans de l'ancienne monarchie, d'une part, et les partisans d'aucune monarchie, de l'autre, taillant un tas de croupières à son gouvernement. Les environs de Montpellier étaient particulièrement hantés par les conspirateurs du drapeau blanc; mais le plus redouté de tous, au moins dans les rapports de messieurs les sous-préfets, c'était un certain chevalier Godefroid de Gâteux-Courdesac, dont le castel dominait les coteaux de Montélimar, déjà célèbre par ses nougats. Ce Gâteux-Courdesac était un terrible gentilhomme, grand chasseur devant l'Eternel, ayant auprès de lui une vieille sœur ridicule répondant au nom de damoiselle Yolande et deux nièces charmantes, Olympe et Gabrielle. Il vivait très entouré des souvenirs de ses aïeux, lesquels avaient, aux temps féodaux, rendu le pays à peu près inhabitable, ce qui lui permettait de compter sur la reconnaissance populaire pour l'accomplissement de ses pieux desseins.

II

— J'en suis désolé vraiment, monsieur le chevalier, mais le bruit d'un complot prêt à éclater ayant décidé M. le ministre de la guerre à faire occuper militairement toute cette région, j'ai la mission pénible d'exercer sur vous une surveillance toute particulière. Le lieutenant Hautbridé et le sous-lieutenant Vessencœur, sous mes ordres tous les deux, logeront dans le château, tandis que la compagnie que je leur confie couchera sous la tente aux alentours, prête à se mettre en armes au moindre signal. Ces messieurs sont d'ailleurs deux jeunes gens fort bien élevés dont la société ne saurait que vous être infiniment agréable.

Ainsi parla le capitaine Massepain, tandis que le lieutenant Hautbridé et le sous-lieutenant Vessencœur s'inclinaient gracieusement, comme cédant au poids de l'éloge dont les honorait leur supérieur.

— Les beaux hommes ! pensa damoiselle Yolande.

— Ils sont bien gentils ! se murmurèrent à l'oreille Olympo et Gabrielle.

— Le diable les patafiole ! grommela M. de Gâteux-Courdesac à qui s'adressait directement ce discours.

— C'est compris, n'est-ce pas? et j'entends que ces deux officiers soient traités avec tous les égards dus à leur mérite, conclut le capitaine Massepain.

— C'est entendu, répondit sèchement le chevalier.

Quelques instants après, le capitaine étant parti, le lieutenant Hautbridé et le sous-lieutenant Vessencœur furent conduits, par l'intendant de la maison, dans la chambre qu'ils devaient occuper en commun, une belle pièce, ma foi, ayant pour voisine la salle d'armes, dont M. de Gâteux-Courdesac avait fait un véritable musée. Car il y avait réuni les armures de ses ancêtres les plus fameux, parmi lesquels il comptait plusieurs croisés ayant rapporté la gale de Palestine, et deux ou trois héros ayant pris à Pavie de la poudre d'escampette. Les deux plus huppés de la famille étaient certainement l'aïeul Isolin de Gâteux-Courdesac, qui avait servi d'assistant à l'évêque Cauchon, dans le procès de Jeanne d'Arc, et le grand-oncle Tutu de Gâteux-Courdesac, qui s'était prudemment écarté de la voiture du roi Henri IV au moment où le vertueux Ravaillac en escaladait le marchepied. Aussi les cuirasses, les casques, les brassards et les cuissards sous lesquels avaient respiré ces deux preux étaient-ils l'objet d'un culte particulier, et astiqués deux fois par mois par M. le chevalier lui-même, afin que rien de leur antique lustre ne s'envolât parmi les poussières du temps.

— La nuit de l'action, avec un seul tour de clef,

je tiendrai mes deux oiseaux en cage ! avait pensé le sire Godefroid en ne donnant aux deux amis qu'un seul et sommaire appartement.

III

Il y avait bien quinze jours que les choses étaient ainsi, le lieutenant Hautbridé et le sous-lieutenant Vessencœur s'étant facilement accoutumés à ce genre de vie. Le chevalier affectait de les traiter avec une courtoisie parfaite, les accablant de prévenances, les invitant sans cesse à sa table, leur offrant de belles pièces de gibier, tout cela avec de petits sourires sournois et un méchant air en dessous auquel ces deux innocents ne prenaient seulement pas garde. Damoiselle Yolande, qui recherchait vivement leur compagnie, avait entrepris leur conversion à la bonne cause et croyait son œuvre en bon chemin. Le diable soit d'un chemin de Damas aussi rudement pavé que l'osseuse carcasse de cette vieille folle ! A la bonne heure une route fleurie par les doubles appas des gentes Olympe et Gabrielle ! Mais la conduite de celles-ci avait été la plus inexplicable du monde, pour les imbéciles, au moins. Après avoir semblé portées vers les jeunes officiers par un vif mouvement de curiosité et de sympathie, elles paraissaient leur être devenues subitement indifférentes, et aux petites familiarités innocentes qui n'avaient pas été fort du goût de M. le chevalier, avait succédé une froideur glaciale dont le vieux gentilhomme était positivement ravi. Fichue bête, va! Si tu y avais regardé d'un peu plus près, tu aurais surpris les regards d'intelligence, les coups de pied sous les meubles, les petits bouts de papier échangés, tout le remue-ménage, en un mot, des amoureux qui trompent la longueur du jour, en attendant les mystérieux bonheurs de la nuit vengeresse. Ces demoiselles couchaient sous la garde d'une vieille gouvernante, laquelle, en sa qualité de maîtresse du jardinier depuis dix ans, les surveillait bien imparfaitement, courant le guilledou, aussitôt le chevalier et damoiselle Yolande au lit. Pas à plaindre, ma parole, le lieutenant Hautbridé et le sous-lieutenant Yessencœur! Car, de vous à moi, la brune Olympe avait le plus joli corps ambré qu'on pût voir et la blonde Gabrielle eût désespéré les plus beaux modèles de Rubens par la blancheur laiteuse de son torse assis sur les hanches d'un Antiope. Qui m'eût permis de choisir entre elles m'eût mis dans un bien cruel embarras; car le seul regret qu'un galant homme puisse emporter dans la vie est celui de n'avoir pas couché avec toutes les femmes qui lui semblaient mériter cet honneur!

IV

La grande nuit, la nuit de l'action, comme disait M. le chevalier Godefroid de Gâteux-Courdesac, était venue. C'est à Montélimar qu'on devait arborer le drapeau blanc dès l'aube, après avoir enlevé, à la faveur de l'ombre, tous les fonctionnaires du régime constitutionnel. Ce coup de main hardi devait être compliqué d'une révolte en pleine campagne. Des paysans armés devaient se faire magnanimement massacrer pour la restauration des privilèges et de la noblesse; car ce genre de générosité roturière n'est pas le fait de la Vendée seulement. L'homme est bête un peu partout. Pour sa part, M. le chevalier avait prêté toutes les pièces de son musée familial, mettant à la disposition des insurgés un véritable arsenal de vieilles cottes de mailles, de hauberts défoncés, de cuirasses bosselées, de haches ébréchées, de colichemardes rouillées, de maillets à pointes de fer, d'arbalètes sans cordes et de cordes sans arbalètes, de quoi vaincre ou mourir enfin :... mais mourir surtout. Quant à lui, sa besogne consistait surtout à retenir prisonniers les deux officiers qui commandaient la compagnie en observation autour de ses domaines, besogne tout à fait à la hauteur de son courage. J'oubliais de vous dire, chose essentielle pourtant, que deux des armures seulement qui ornaient la fameuse salle d'armes étaient demeurées à leur place, celle du glorieux aïeul Isolin et celle de l'ineffable grand-oncle, Tutu. Tant d'honneur s'attachait à ces deux reliques que le sire Godefroid avait absolument refusé de s'en séparer.

Quand minuit sonna, l'héroïque gentilhomme grimpa, pieds nus, jusqu'à la chambre où il avait lieu de croire couchés le lieutenant Hautbridé et le sous-lieutenant Vessencœur, et, donnant deux tours de clef à la serrure, se retira convaincu qu'il les avait mis hors d'état de sortir de leur appartement. Le fait est que si les uniformes vides des deux officiers, leurs culottes et leurs bottes avaient été capables de se mettre d'eux-mêmes en mouvement pour aller commander les troupes du dehors, ils en eussent été parfaitement empêchés.

V

Ta! ra! ta! ta! Ratata! ratata! Ran plan! plan! plan! Ramplanplan! Le clairon sonne et le tambour bat. Le ministre de la guerre a été informé à temps et le capitaine Massepain est arrivé porteur d'ordres énergiques. Il a mis lui-même la compagnie debout, et s'étonne que ni le lieutenant Hautbridé ni le sous-lieutenant Vessencœur ne répondent aux appels du cuivre et de la peau d'âne combinés en un héroïque concert. Un doute affreux lui traverse l'esprit. Le farouche châtelain, leur hôte, les aurait-il fait traîtreusement assassiner? Il heurte à l'huis du castel, mais rien ne lui répond. Il va faire enfoncer la grand'porte à coups de crosse. Mais soudain une poterne s'ouvre, par laquelle deux chevaliers du moyen âge, assez embarrassés de leur accoutrement de fer, se glissent comme honteux d'eux-mêmes. Ineffable toupet! ils viennent prendre la place du commandement à la tête du premier et du troisième peloton de la compagnie qui attend l'arme au pied.

— Portez armes! dit une voix sortant assez mal d'un casque à grillage.

— Portez armes! répète une seconde voix s'exhalant plus péniblement encore d'un casque à charnière.

— Trahison! arrêtez ces deux rebelles! s'écrie le capitaine Massepain hors de lui et s'imaginant que ce sont deux chefs de la conspiration légitimiste qui essayent d'embaucher ses troupes.

On se précipite sur les deux nouveaux venus.

— Pas de bêtise! c'est moi! hurle le pauvre Hautbridé derrière son treillis.

— Ne me frappez pas! c'est moi! clame le malheureux Vessencœur en se débattant contre les boucles d'airain de sa coiffure.

Le capitaine Massepain est de plus en plus abasourdi. C'était bien simple pourtant. Au moment où la trompette et le tambour les avaient conjointement appelés, le lieutenant et le sous-lieutenant s'étaient élancés de l'appartement occupé par la candide Olympe et par la chaste Gabrielle, pour revêtir à la hâte leurs habits militaires ; mais ils avaient trouvé la porte de leur chambre fermée et sans clef. Se rendre en chemise à la tête de leur peloton respectif était terriblement compromettant pour ces dames. Après s'être donnés à tous les diables, ils avaient déniché, dans la salle d'armes, les deux armures du glorieux aïeul Isolin et de l'ineffable grand-oncle Tutu, et, en désespoir de cause, avaient préféré les revêtir que de passer pour déserteurs à l'heure du danger.

Cependant le temps pressait.

— En avant ! « Harche! » dit le capitaine Massepain sans demander plus d'explications ; et l'on vit le singulier spectacle d'une compagnie de soldats habillés comme ceux d'Horace Vernet dans les tableaux de Versailles et que commandaient deux officiers vêtus comme Bayard et Du Guesclin. Je dis : l'on vit, parce que l'aube était venue. En se trouvant en face de cette mascarade, les pauvres paysans insurgés, ne comprenant rien à ce méli-mélo, se sauvèrent sans coup férir. Ce fut le salut de cette belle contrée, qui vraisemblablement, sans cet accident, eût été ensanglantée une fois de plus par la guerre civile. Seule, damoiselle Yolande ne s'est pas encore bien expliqué la chose et demeure convaincue que, convertis par elle, le lieutenant Hautbridé et le sous-lieutenant Yessencœur étaient partis à la conquête du saint sépulcre et ont été arrêtés en route pour des mécréans. Et la candide Olympe? Et la chaste Gabrielle?... Elles se sont mariées tout de même et — chose inattendue de la part de deux personnes si sages — elles ont fait leurs maris cocus. C'est la grâce que je vous souhaite, mes bons amis, si ce récit n'est pas de votre goût.

CAUSERIE DARWINIENNE

I

Nous nous retrouvons chez d'anciens amis.

— Ah! ah! ah! fit triomphalement le commandant Laripète en agitant son journal.

— Mon Dieu, qu'avez-vous? dit la commandante. Encore un mari trompé! Vous n'avez vraiment pas besoin des feuilles publiques pour en découvrir. N'est-ce pas, Blanc-Minot?

L'ex-lieutenant Blanc-Minot rougit jusqu'aux oreilles.

— Mieux que cela! reprit Laripète. La confirmation de ce que j'ai toujours soutenu avec la savant Darwin, à savoir que l'homme n'est qu'un singe abâtardi.

— Vous vous calomniez, Onésime, continua la commandante.

— On vient de découvrir au Paraguay des hommes pourvus d'une queue.

— Beau pays! poursuivit M⁻ Laripète.

— Des bêtises! interrompit l'amiral Le Kelpudubec; et, sortant du doux assoupissement où l'avait mis la fumée de sa grande pipe : je sais ce que c'est que vos hommes à queue et, si ces dames n'étaient pas là, je vous conterais comment j'en suis revenu.

— Contez toujours! dit la commandante.

— Eh bien, reprit l'amiral, nous étions, un jour, en promenade sur je ne sais quelle plage de l'Océanie, le major écossais Mac-Ekett, le commandant hollandais Van den Bitt, le célèbre navigateur turc Gogott-Effendi et moi, quatre gaillards n'ayant pas froid aux yeux, quand du haut d'une hutte informe nous vîmes s'enfuir, à notre approche, une façon de négrillon abominable, plus laid que tous ceux que nous avions déjà vus. Mais ce qui nous frappa en même temps c'est que la course de ce drôle balançait sur ses fesses (excusez-moi, encore une fois, mesdames), une façon de petit appendice de même couleur sombre que lui. — Un homme à queue! s'écria Mac-Ekett, qui était Darwinien. — Impossible! répondit Van den Bitt, le plus sceptique des commandants. — Euh! euh! conclut Gogott-

Effendi, qui était bête comme un pot. — Nous allons bien voir ! m'écriai-je. Et je me mis à la poursuite de ce vilain moricaud. J'avais alors des jambes à défier un cerf.

— Comme moi, dit Laripète.

La commandante et l'ex-lieutenant Blanc-Minot éclatèrent de rire. L'amiral fit un signe d'impatience et continua :

— J'eus bientôt rejoint le fugitif et lui intimai l'ordre de s'arrêter. Mais, pour toute réponse, il grimpa dans un arbre avec une agilité extraordinaire. Je me mis au pied de l'arbre et l'adjurai d'en descendre. Au lieu d'obéir, il s'installa entre deux branches en ricanant avec insolence. Je n'ai jamais été endurant, et, d'ailleurs, je le voyais à merveille, il avait décidément ce que nous avions cru voir. Qu'importe la vie d'un homme quand il s'agit des intérêts sacrés de la science ! Et puis je m'arrangerais pour cueillir seulement la partie de sa personne qui nous intéressait sans le blesser davantage. Je pris ma carabine qui ne me quittait jamais. En ce temps-là, j'étais d'une adresse proverbiale et je tuais, au plus haut d'un peuplier, un coucou.

— Comme moi ! dit Laripète.

La commandante et l'ex-lieutenant Blanc-Minot faillirent en mouiller leurs chaises ! L'amiral frappa du pied et poursuivit :

— Je mis en joue, mais avant que mon doigt eût touché la gachette, le négrillon, au comble de la terreur, effectua un suprême tortillement de derrière, et mon coup n'était pas encore parti que je recevais en plein sur le nez ce qui le gênait tant pour courir, un affreux bout de câble goudronné que ce sauvage avait avalé. Voilà ce que c'est que vos hommes à queue.

Et l'amiral s'essuya le visage avec une pantomime de dégoût.

II

— Moi, dit le général baron Honoré Leloup de la Pétardière, qui n'avait pas encore pris part à la conversation, c'est par des raisons toutes morales que je repousse la théorie sacrilège de Darwin.

— Voyons ça! répondit l'amiral Le Kelpudubec en riant sardoniquement.

— Vous m'accorderez bien que l'idée de justice est innée chez l'homme, poursuivit la bonne ganache d'homme de guerre. Platon et M. Cousin l'ont nettement établi, en dépit des apparences qui nous montrent généralement l'innocence punie et le vice récompensé. Qui dit justice, dit juges. Or, comment pouvez-vous concevoir une magistrature assise avec des hommes ayant des queues? Ces pauvres gens seraient si gênés sur leurs fauteuils qu'ils rendraient leurs arrêts tout de travers, et puis ça passerait sous leurs robes et trahirait leurs impressions secrètes, tout en faisant crever de rire les plaideurs. Que deviendraient l'impassibilité professionnelle et le respect des représentants de la loi ?

— C'est justement pour cela que nous voulons réformer la magistrature, dit l'ex-lieutenant Blanc-Minot, qui avait des opinions avancées.

— Vous avez raison, mon général, répondit le doux Laripète; mais il n'en est pas moins vrai que le fait est positif. Mon journal donne le nom du district : — il s'appelle Tacara-Tuyu, — celui des Indiens porte-queues : — ils se nomment Guyacuyes. — celui du riche Argentin dans les plantations duquel l'un deux a été fait captif; c'est M. Francisco Goicochoa, — celui du médecin qui observé le phénomène : c'est le célèbre docteur italien Pizzarello qui n'était connu que comme danseur. Sapristi ! si de tels détails ne vous suffisent pas...

— Taratata ! riposta le général baron Honoré Leloup de la Pétardière, en se tapotant sur le ventre d'un air outrecuidant.

— Tara-Tuyu ! Guyacuyes ! Goicochoa ! Pizzarello ! sifflota l'amiral Le Kelpudubec sur un air de sa composition.

— Vous le prenez comme ça ! s'écria le commandant Laripète hors de lui. Eh bien ! vous allez me faire faire une mauvaise action, une action abominable dont je laisse l'odieux à votre ridicule incrédulité. Vous allez me faire trahir le secret d'un camarade de régiment, un secret que j'aurais dû garder toute ma vie. Mais l'amiral l'a dit: qu'importe la vie d'un homme quand il s'agit des intérêts sacrés de la science ! D'ailleurs, ce pauvre des Etoupettes est mort, glorieusement mort d'une fluxion de poitrine en face de l'ennemi...

— Des Etoupettes ! fit vivement le baron de la Pétardière.

— Oui, mon général, des Etoupettes avait une queue par derrière, et si vous voulez bien me le permettre, je vous conterai comment j'en ai acquis la certitude et comment j'en garde encore la preuve. Je gazerai pour les dames, car l'histoire est croustillante.

— Tant mieux ! fit Mme Honoré Leloup de la Pétardière, qui aimait les polissonneries.

III

— Des Etoupettes, continua le commandant avec gravité, était de la même promotion que moi. Nous avions tout de suite soupçonné quelque chose de particulier dans sa personne, à la persistance qu'il avait mise en demandant à subir à part l'épreuve de la revision qui complète l'examen pour Saint-Cyr. Nous nous étions cependant laissé persuader qu'il n'avait obéi en cette circonstance qu'à un sentiment de pudeur justifié par son éducation cléricale. Jolie, l'éducation cléricale! Il n'y avait pas trois ans que le drôle était au régiment qu'il avait pris une maîtresse comme tout le monde. Nous étions alors en garnison à Valence.

— Je m'en souviens à merveille, fit le général Honoré Leloup; j'y étais lieutenant-colonel.

— Quand je dis: une maîtresse comme tout le monde, je mens. Car tandis que nous aimions franchement et au nez vermillon du soleil les premières gaupes venues, promenant gaiement nos faciles conquêtes par les faubourgs, comme de joyeux hommes d'armes, lui, Guy des Etoupettes, cachait hypocritement son bonheur et ne s'introduisait que mystérieusement chez sa bien-aimée. C'est ce qui nous enrageait, le lieutenant Voiron et moi, les deux plus farceurs du régiment. Car nous en étions toujours sur les hypothèses au sujet de la curiosité physique que notre camarade pouvait avoir intérêt à cacher et que sa maîtresse eût pu nous révéler mieux que personne. Nous avions fait cependant, à ce sujet, une nouvelle remarque, deux remarques même. Le lieutenant des Etoupettes portait toujours des pantalons fort larges: mais ce pouvait être affaire de goût chez lui. De plus, il se courbait beaucoup en montant à cheval : mais cela tenait peut-être à sa haute taille dégingandée. Enfin, nous avions beau chercher, nous supposions toujours et nous ne trouvions pas. Une fois cependant des Étoupettes eut un duel ; on se battit nu jusqu'à la ceinture et nous pûmes constater que la partie supérieure de son corps était comme celle de tout le monde. C'était donc plus bas, s'il y avait quelque chose. Cette maudite femme, seule, aurait pu tout nous dire. Mais elle-même semblait se cacher et vivait solitairement dans une petite maison de campagne, à un kilomètre de la ville, sur la route du Dauphiné.

Le commandant s'interrompit pour se moucher bruyamment. Qui eût regardé alors la face ordinairement béate et joviale du général baron Honoré Leloup de la Pétardière y eût remarqué une singulière expression d'inquiétude, de malaise et de curiosité.

IV

Celle-ci augmenta visiblement et une rougeur de brique envahit tout le visage du vieux guerrier quand Laripète continua ainsi :

Il y avait bien une légende sur cette femme, mais rien de prouvé et de bien connu sinon qu'elle s'appelait Césarine, et qu'un de nous avait discrètement découvert sur une lettre que lui adressait des Etoupettes. On disait vaguement que notre camarade n'était que son petit amant, la dame étant entretenue par un officier supérieur de la garnison qui prenait de grandes précautions pour la voir parce qu'il était déjà marié.

— Nom de nom ! C'est elle ! pensa le général Honoré Leloup, et il faillit avoir une attaque d'apoplexie. Si nous allions faire une partie de billard ? reprit-il tout haut.

— La fin de l'histoire ! La fin de l'histoire ! s'écrièrent l'amiral Le Kelpudubec et ces dames.

Le pauvre général dut se résigner, et Laripète, qui ne s'était pas aperçu de son angoisse, continua implacablement :

— J'arrive a une aventure vraiment honteuse, et qui prouve que les hommes les plus distingués par leur naissance et par leur éducation sont sujets à d'étranges petitesses. Car je ne suis pas le premier venu et Voiron était le fils d'un pharmacien de première classe. Enfin, vous m'y avez contraint, et, d'ailleurs, nous avions l'excuse de n'être pas absolument dans notre bon sens quand nous fîmes la vilaine action. Il y avait eu réception ce soir-là, et nous étions abominablement gris l'un et l'autre. Vous-même, général, vous aviez un extraordinaire pompon.

— Je vous fais grâce de ce détail, dit le général d'un ton bourru.

— Nous quittâmes, Voiron et moi, nos camarades longtemps avant la fin de ce punch glorieux qui dura jusqu'au lendemain matin si j'ai bonne mémoire. Mais des Etoupettes nous avait déjà précédés et c'était bien entendu pour aller faire une visite à sa belle tandis que l'homme sérieux de celle-ci faisait le jobard au milieu des consommations. C'était par un soir d'été abominablement chaud, et toutes les fenêtres de la petite maison où se cachait Césarine dans un véritable berceau de clématites étaient ouvertes. Voiron me fit la courte échelle, je l'aidai moi-même à grimper ensuite le long des feuillages; et nous parvînmes ainsi, comme des malfaiteurs, comme de simples filous, jusqu'à la chambre attenante à celle où notre camarade goûtait les coupables délices d'un amour inutilement mystérieux. Aucun bruit. Nous entendîmes seulement, à plusieurs reprises, ces simples mots dits par Césarine : Plus haut ! — Nous savons maintenant l'infirmité de Guy, me dit tout bas Voiron à l'oreille : il est sourd. — Imbécile, lui dis-je, nous nous en serions bien aperçus.

Puis un grand silence se fit.

V

La porte était légèrement entr'ouverte, Voiron, qui était adroit comme un chat, se glissa à quatre pattes dans la chambre des amoureux et profita de l'ombre pour y voler, sur le canapé, tous les habits de ce pauvre Guy. — Comme ça, avions-nous dit, il faudra bien qu'il se révèle à nous *in naturalibus*. Je vous le répète, pour m'excuser, mesdames, nous étions ivres comme des cochers. Il était convenu que j'entrerais ensuite et ferais un grand bruit pour faire peur à des Etoupettes qui se croirait surpris par son rival et sauterait vraisemblablement par la fenêtre. Je vous ai dit qu'il n'y avait aucune lumière dans la maison. Ce qui avait été médité fut, de point en point, accompli.

Pan ! pan ! pan ! pan ! Je fis le vacarme annoncé. Je vis vaguement un homme sauter du lit. J'entendis des cris de femme. L'homme se baissa d'abord, puis prit son élan par la croisée. En passant, il me fouetta avec quelque chose au visage. Je tendis les mains et j'empoignais. Ce quelque chose, horreur ! était velu et me resta dans les mains. Je roulai à terre avec. Pendant ce temps-là, des Etoupettes s'esquivait au galop, et le malheureux Voiron, s'embarrassant dans les plantes grimpantes, demeurait suspendu à une autre fenêtre et nous faisait perdre ainsi le fruit d'une si noble expérience. Mais moi j'avais en mains le corps du délit, l'appendice de des Etoupettes. Car je le tenais, ce précieux secret ! Je la possédais, cette curiosité physique, que notre camarade cachait avec un si grand soin. Je vais vous la chercher, car je l'ai toujours conservée. C'est à peu près comme une queue de panthère, très bien moucheté, et c'était placé à l'endroit même où ces admirables félins portent cet ornement.

Et Laripète sortit avec un air de triomphe.

Il rapporta quelques instants après, enveloppée dans du papier de soie, la chose qu'il avait annoncée, portant cette petite étiquette : « Offerte au musée de ma ville natale après ma mort. Détachée par moi et par surprise du corps d'un officier de dragons. »

— Voulez-vous me permettre de regarder ? dit, d'une voix éteinte, le général baron Leloup de la Pétardière.

— Volontiers, général, ne fût-ce que pour vous convaincre.

Le général souffla légèrement dans le poil et y découvrit cette autre petite inscription qu'il y avait lui-même découpée autrefois avec des ciseaux très fins : « Panthère tuée par moi à Biskra le 14 août 1845 et offerte à ma bien-aimée Césarine. Son Honoré. »

Il se rappela que Césarine avait un jour perdu

cette précieuse fourrure sans avoir pu lui expliquer comment, et bien qu'il fût extraordinairement borné, il devina que le coupable des Étoupettes, ne retrouvant pas ses habits, s'en était fait un paletot, pour se sauver, et ne pas tomber tout nu dans la rue. C'était donc la queue de l'animal que Laripète avait arrachée au passage.

— Eh bien, êtes-vous convaincus, maintenant ? dit triomphalement le commandant.

— Parfaitement, répondit le général baron Honoré Leloup de la Pétardière qui n'avait aucune envie de rétablir, devant son épouse, la réalité des faits.

— Et vous, Le Kelpudubec ?

— Moi, fit l'amiral, je persiste à croire que votre camarade avait tout simplement avalé le matin une queue de panthère à son déjeuner, en croyant manger une anguille à la tartare. Ces restaurateurs sont si voleurs aujourd'hui !

CURIOSITÉ PROVINCIALE

I

Le vieux château de Keloac Kornaubec, contemporain de Bertrand Duguesclin de glorieuse mémoire, n'avait pas connu ses hôtes naturels depuis la Révolution. Abandonné à un intendant isolé dans une façon de désert qu'il dominait de tout l'orgueil de ses tours délabrées, les seules visites qu'il reçût jamais étaient celles de touristes évadés qui venaient se reposer et rêver dans la grande ombre qu'il projetait parmi la solitude. A part ses rares habitants, il n'intéressait guère qu'une façon de vieux savant retiré dans le plus proche village où il exerçait, assez platoniquement, d'ailleurs, les fonctions d'architecte. Ce n'était pas, sachez-le tout d'abord, un homme ordinaire que ce Petronius, venu de Bretagne on ne sait quand et qui y eût passé certainement pour un sorcier, n'eût été sa piété exemplaire et l'amitié du bon abbé Lohic, curé de la localité.

Ce Petronius, fort versé dans les antiquités égyptiennes, avait fait la curieuse remarque que le château de Keloác Kornaubec était orienté comme cette fameuse statue de Memnon qui, aux premiers rayons du soleil, emplissait la campagne d'une harmonieuse musique. Ayant découvert, d'ailleurs, le truc au moyen duquel les prêtres obtenaient ce miracle, il avait répété cent fois que rien ne serait plus simple que d'en installer un tout pareil dans la seigneuriale demeure. Il avait imaginé pour cela une façon de caisse sonore, pouvant s'adapter à une chambre quelconque et qui avait la propriété d'amplifier le moindre bruit dans la proportion étonnante de cent cinquante et demi à un.

— Vieux toqué! lui disait le bon abbé Lohic en riant aux larmes, quand il racontait ces balivernes.

— Gros incrédule! répliquait le savant en tapant doucement sur le ventre du curé.

Et tous deux, interrompant leur piquet, trinquaient amicalement avec un bon pichet de cidre, comme font les braves gens de ce pays-là.

II

Cependant, un jour, l'intendant Joël reçut une lettre qu'il apporta bien vite au maître d'école Festinard, ne sachant, pour sa part, lire que l'écriture moulée. Festinard chaussa de besicles son grand nez, et avec l'importance d'un homme qui domine une situation, après s'être violemment mouché et avoir craché de droite et de gauche, voici ce qu'il lut :

« Monsieur mon intendant,

» Prenant femme le trente courant et désirant venir passer en mes terres la première semaine de mon mariage, je vous prie de faire aménager l'appartement de mes aïeux de façon que je puisse m'y installer convenablement. A côté de la chambre où vous aurez érigé le lit nuptial, vous voudrez bien ménager, d'une part, un cabinet de toilette et, de l'autre, un boudoir où, dès le matin, madame la comtesse, qui est musicienne passionnée, puisse étudier son piano. Vous recevrez, par petite vitesse, tous les meubles que je juge nécessaires à ce court séjour dans mon domaine. Comptant sur votre zèle et votre antique dévouement à ma famille, monsieur mon intendant, je vous baille féodalement le bout de mes doigts à baiser.

» Comte BERTRAND DE KELOAC KORNAUBEC. »

— Belle rédaction, dit Festinard en achevant la lecture.

— J'ai mon idée! ajouta Petronius en faisant claquer les uns contre les autres ses maigres doigts.

— Bonne affaire pour mes pauvres! reprit l'abbé Lohic, en se caressant doucement l'abdomen.

— Enfin, je verrai une Parisienne! conclut Dinah, la femme de l'intendant Joël.

Joël, lui, n'avait pas prononcé une parole, mais il se frappait le front comme un gaillard qui ne se dissimule pas l'importance de ce qu'il va faire.

III

En sa qualité d'architecte, Petronius fut chargé des arrangements intérieurs du château ; il choisit la plus belle pièce pour y installer le temple où, comme le dit élégamment Festinard, la jeune comtesse immolerait sa chasteté sur l'autel de l'Amour. Cette magnifique chambre qui avait été, dans le bon temps, une salle de torture, était justement flanquée de deux pièces moindres, jouissant de la même exposition magnifique au soleil levant. Petronius choisit immédiatement celle de gauche pour les ustensiles de toilette, et réserva celle de droite pour en faire l'harmonieux boudoir demandé par M. le comte. C'est donc dans cette dernière qu'il posa lui-même les appareils sonores qu'il avait inventés pour cent-cinquantupler l'intensité des sons et dont j'ai parlé plus haut. — Quelle agréable surprise, pensait-il, pour cette jeune dame et pour le pays tout entier, quand le premier accord qu'elle fera sur son piano retentira à ses oreilles comme une batterie d'artillerie et effarouchera, à une demi-lieue, toutes les bêtes dans la plaine! Dès qu'elle y sera mieux accoutumée, ses moindres sonates seront une fête pour toute la région, et nul doute qu'on ne vienne des quatre coins du monde, pour admirer cette résurrection d'une des merveilles les plus accréditées de l'antiquité.

Ainsi se parlait à lui-même le doux Petronius, se complaisant dans l'épanouissement de son propre génie.

Cependant d'immenses caisses avaient apporté les meubles annoncés — un mobilier tout parisien, sans aucune recherche de couleur locale. Horreur ! Une armoire à glace! Un piano à queue avec une lyre à la pédale. Monsieur le comte était au fond, un assez joli bourgeois. Tout fut mis en place, sauf un objet dont la destination douteuse provoqua un véritable conseil des ministres.

IV

Une boîte d'acajou élevée sur quatre pieds, et, dans cette boîte, un évasement de porcelaine ayant, à fort peu près, la forme et les dimensions d'une guitare.

— C'est un petit cheval de bois pour les enfants, dit le magister Festinard, qui devait, du premier coup, être le plus près de la vérité.

Mais l'abbé Lohic levant les épaules.

— C'est tout simplement, fit-il, un plat à poissons pour les jours de cérémonie. Quatre valets l'apportent en tenant un pied chacun et le déposent sur la table en grand apparat.

— Ne pensez-vous pas plutôt, reprit Dinah en se signant, que ce soit un bénitier pour mettre dans la chapelle?

— Et moi, dit Joël, je prétends que c'est un plat à barbe pour se savonner le museau après les morsures du rasoir.

— Vous êtes tous des ignorants, conclut solennellement Petronius. Cet instrument, comme l'indique suffisamment son facies extérieur, est un instrument à cordes, de la grande famille du violon et du violoncelle. Ce creux dont vous imaginez mille destinations stupides est caractéristique de cette grande famille. Bien que je ne voye pas les chevilles où s'enroule l'extrémité des cordes, je suis certain que celles-ci doivent être tendues dans toute la longueur du bois. Vous me permettrez donc de faire transporter ce luth quadrupède dans le boudoir où madame la comtesse doit faire de la musique. Je placerai un coussin à côté : car le peu d'élévation de ce *cymbalum* (c'est peut-être le véritable *cymbalum* des anciens) indique qu'on en doit jouer assis ou même accroupi comme les tailleurs qui ne travaillent bien que le derrière sur les talons.

Tout le monde s'inclina devant la science incontestée de Petronius, et il fut fait comme il avait dit.

Seulement, M. le comte, en arrivant, jugea à propos d'étonner ses vassaux par une révolution.

A peine entré et le premier regard jeté sur ce qui avait été préparé :

— C'est idiot, fit-il, je veux le cabinet de toilette à droite et le petit salon musical à gauche.

Il y a des gens comme cela, qui, pour faire de l'autorité, bouleverseraient le cours naturel des étoiles, n'était qu'elles sont trop haut perchées.

— Voilà qui est fâcheux, pensa le pauvre Petronius, et tout le mal que je me suis donné pour renouveler le miracle de la statue de Memnon est perdu. On a bien affaire que de cent-cinquantupler les sons dans un cabinet de toilette !

Comme M. le comte n'avait pas l'air de plaisanter, le déménagement fut opéré au plus vite, les meubles de la pièce de gauche passant dans celle de droite et réciproquement. Mais quand vint le tour de l'objet qui avait si fortement intrigué tout le monde, M. de Keloac Kornaubec le fit maintenir où il était, c'est-à-dire dans le nouveau cabinet de toilette d'où on voulait l'emporter.

— C'est un âne qui n'en sait pas l'usage, redit tout bas Petronius désolé.

— Je savais bien que c'était un plat à barbe ! triompha Joël.

— Toutes ces petites bouteilles sont peut-être pour dire la messe, hasarda Dinab.

— C'est qu'ils mangent du poisson à leur petit déjeuner, pensa l'abbé Lohic.

— Vous voyez bien que c'est pour attendre les enfants, murmura Festinard qui tenait à son idée.

V

L'aurore aux ongles de carmin venait d'entrebâiller la porte du Jour sur un grand embrasement de l'horizon. Le temps était d'une beauté parfaite et l'air si calme qu'on n'y entendait ni un tressaillement de feuille ni un bourdonnement d'insecte. Ce fut donc une surprise pour tous les êtres, bêtes et gens épars dans la campagne pour les travaux du matin, quand un véritable bruit de tempête traversa la plaine, — sans que rien y parût d'ailleurs troublé, — dans un rayon de plus d'une demi-lieue du château de Kéloac Kornaubec. Jamais soupir de l'antique Borée, fouetté par l'Aquilon, n'avait fait pareil vacarme en s'échappant des antres aériens. Cette trombe mystérieuse, qui ne dérangeait rien dans l'atmosphère et ne s'accusait que par son infernale musique, se tut soudain, laissant un grand étonnement après elle. Toutes les femmes étaient tombées à genoux sur le bord des chemins, et les hommes avaient porté vigoureusement leur main à leur chapeau pour le tenir ferme contre un coup d'ouragan qui n'était pas venu.

Un instant après, qui eût pénétré dans le château eût vu M. le comte se promener les poings serrés et d'un air furieux, tandis que Mme la comtesse, rouge comme une pivoine et les yeux pleins de larmes, se roulait sur un divan, comme accablée par le désespoir et la honte.

Cependant, Petronius, qui avait bien deviné quelque miracle de sa boîte à musique, arrivait en grande hâte quand Dinah, la femme de l'intendant Joël, l'entraîna mystérieusement dans un coin.

— Je sais maintenant, lui dit-elle avec une joie féroce de curiosité satisfaite.

— Comment ? tu sais ?

— Oui, je m'étais cachée derrière une portière

pour voir tout qui se passerait entre monsieur et madame.

— C'est du joli ! Eh bien ?
— Eh bien ? Vous savez bien la chose à quatre pattes ?
— Parfaitement.
— Vous aviez raison. C'est un instrument de musique.
— Parbleu !
— Seulement vous aviez tort aussi tout de même.
— Et comment cela, s'il vous plaît.
— Parce que c'est un instrument à vent.

CUISINE BOURGEOISE.

I

Ceci est un simple conte dans le goût de ceux qu'aimaient à se dire nos aïeux, après boire, pour se consoler sans doute de n'être pas aussi heureux que nous. Car les pauvres gens ne possédaient pas le suffrage universel, non plus que deux Chambres, dont l'une défait religieusement ce que fait l'autre, ce qui est le souverain bonheur pour un peuple libre, pour un peuple libre, dis-je, de contempler à son aise ce jeu pénélopéen, en attendant que les alouettes lui tombent au gosier toutes rôties, ce que ne cessent de lui promettre les politiciens savants qui estiment que leurs simples discours sont plus savoureux et réconfortants à la mul_ titude que les meilleurs gibiers. Oui, mes amis, les abstracteurs de quintessence sociale l'imaginent ainsi et croient-ils fermement qu'on entend le soir, dans les familles prolétaires, des propos de la façon de celui-ci : « Nous fîmes bien de ne pas acheter au marché cette dinde coûteuse qui nous a tentés un moment; car nous avons, dans notre journal, un Gâtineau qui nous emplit bien autrement la bouche et le ventre que cette ridicule volaille, et vaut à lui seul tous les rôtis. » Une autre fois, c'est d'une éloquente colère de M. Langlois qu'ils déjeunent, en se répétant : « Mange qui voudra du homard à l'américaine ! — Voilà qui est bien autrement pimenté et délectable au palais ! » A un peuple si substantiellement repu par ses institutions démocratiques, il faut de solides romans bien pleins d'horreurs, ou de sérieuses dissertations dont l'ennui soit d'une irréprochable tenue. Mes amis, oublions que nous sommes de ce temps illustre et cherchons seulement à rire un brin, en disant des gaudrioles. Ne croyez pas cependant que je vais prendre les héros de cette menue aventure dans la suite du roi Louis XI, dit le Bien-Aimé, par les corbeaux, grands amateurs de pendus ; ou parmi les contemporains du roi Louis le Gros, lequel mourut de fatigue pour n'avoir pu trouver à la fin, dans tout son royaume, un fauteuil où son derrière pût entrer, ce qui est un bien grand supplice pour une tête couronnée ; pas même dans le tas des Pschuts du roi Henri III, qui s'illustra par des mœurs postérieures, au dire des historiens, qui regardent toujours derrière eux.

Sur des pensers nouveaux faisons des vers antiques,

a dit le divin Chénier (la peste soit de l'autre!) Ainsi de ma prose qui aime les gauloiseries d'antan, mais les prête aux hommes d'aujourd'hui, ce qui est bien le plus beau présent qu'on leur puisse faire. D'ailleurs, la nature humaine change-t-elle jamais avec le temps, et aujourd'hui comme autrefois, les servantes accortes n'aiment-elles pas les vaillants hommes d'armes, comme les belles et honnêtes dames détestent les époux quinteux et trop vieux pour les bien besogner dans les choses de l'amour. Or, il ne m'en faut pas davantage pour le véridique et plausible conte que voici :

II

Mon accorte servante s'appelle Odile, et je vous prie de croire qu'elle possédait, il y a huit jours encore, — car c'est de l'actualité que je fais sans en avoir la prétention, — un des minois les plus impertinents de la rive gauche ; et, sans doute, le possède-t-elle toujours pour le plus grand agrément de ses amoureux. Et, par minois, je n'entends pas seulement un visage joyeusement chiffonné par les caprices du sourire, mais un ensemble tout à fait appétissant et gaillard : des seins provocants sous leur armure d'indienne, un petit ventre aux rotondités joviales, une croupe ayant la vivante sinuosité des vagues sur lesquelles s'embarquent volontiers nos rêves, comme des vaisseaux aux pavillons roses ; un joli brin de fille, quoi ! et bien fait pour ceux qui ne confondent pas, comme moi, les servantes dans un commun mépris, pour se complaire uniquement aux mensongères beautés des courtisanes.

Le vaillant homme d'armes, lui, se nommait et se nomme encore, — car il vit, je vous en réponds, — Lancelot, en quoi il obéissait et obéit toujours à cette logique des vocables que consacre le génie de Balzac, plus ingénieux que personne à baptiser ses personnages suivant leurs aptitudes naturelles. Car ce Lancelot appartenait et n'a pas cessé d'appartenir au corps spécial qui manie la lance humide autrefois réservée aux apothicaires, et dont chaque soldat est coiffé d'un casque, que nous avons cru, sur la foi de David, conforme au modèle adopté par Agamemnon pour la campagne troyenne, jusqu'au jour où le peintre Georges Rochegrosse nous révéla, dans son beau tableau d'Andromaque, que les premiers compagnons d'Ulysse (les autres portent encore aujourd'hui des chapeaux noirs) avaient le chef garanti par les plus bizarres chaudronneries. Vous avez compris, n'est-ce pas, que Lancelot était pompier et galant, galant au point de pouvoir dire, en parlant de lui-même :

> Brûlé de plus de feux que je n'en éteignis!

Sa passion du jour (la vie n'est-elle pas un restaurant dont le menu amoureux comporte toujours un plat de résistance?) était Odile, et, dans la maison toute neuve où demeuraient les maîtres de celle-ci, tout avait été prévu pour faciliter leurs amours. Car à chaque étage une sonnette électrique d'alarme permettait en cas d'incendie, de demander du secours au poste voisin de pompiers auquel notre gaillard avait toujours grand soin de se faire mettre de service. C'est ainsi que les progrès de l'industrie moderne sont les instruments inconscients de la décadence de nos mœurs dont l'antique pureté était particulièrement due aux obstacles imaginés par les fâcheux et les impuissants.

III

Et « la belle et honneste dame ? » m'allez-vous dire, maîtresse d'Odile, et qui aurait bien voulu l'être de quelqu'un de plus. Et le vieil époux quinteux et mauvais besogneur? Patience, mes petits chats roses! J'y viens et vous présente le ménage Beauminet de Ratafoison, composé comme vous le savez. Vieille famille, morbleu! et d'authentique noblesse ! Un certain Mathieu de Ratafoison avait été épargné par Marguerite de Bourgogne comme n'ayant même pas mérité le bain qu'elle octroyait à ses victimes. Plus tard, un autre Ratafoison, — Gaspard, je crois, — avait vu son casque orné d'un chou-blanc, à un tournoi dans lequel il n'avait jamais pu faire partir son cheval. Mais le parangon de la famille était certainement cet Agapet de Ratafoison, que le roi Louis XV, dit aussi le Bien-Aimé par toutes les proxénètes de son temps, avait choisi pour garde-chasse de son Parc-aux-Cerfs, à cause de la bonne garde qu'il faisait avec un fusil non chargé et destiné seulement à effrayer les braconniers. Bon sang ne ment pas. Le comte Christian Beauminet de Ratafoison, légitime époux de la comtesse Hildegarde Beauminet de Ratafoison, tous deux personnages dans ma petite comédie, étaient en tous points dignes de cette héroïque légende et de cette chevaleresque tradition. On se demandait même comment la propriété typique de cette illustre lignée avait pu se transmettre de père en fils. Les médisants y trouvaient une explication que je repousse comme immorale et outrageante pour l'honneur des dames de Ratafoison. Je vous dirais que le comte et la comtesse rappelaient, dans leurs mutuelles façons, les amoureuses mignardises des tourterelles sur les toits, que vous ne me croiriez pas. Non ! Il manquait positivement à ce ménage quelque chose pour être heureux. Madame était toujours irritée et nerveuse, hargneuse et ironique.

Les humilités et les attentions paternelles de Monsieur étaient impuissantes à calmer cet insupportable état. Entre gens bien élevés on se jette rarement les bouteilles à la tête. Chaque repas était cependant une escarmouche où les mots amers sifflaient en l'air comme des verreries jetées à toute volée. Madame se levait ordinairement de table avant la fin du dîner, et Monsieur s'allait promener au jardin en mâchonnant un cigare avec mélancolie. Cependant, le calendrier venait de proclamer la sainte Hildegarde. Le comte Christian apporta à sa femme un énorme bouquet et l'invita à manger au cabaret en cabinet particulier (— Attention inutile! fit celle-ci en haussant légèrement les épaules). Elle accepta cependant, ne fût-ce que pour échapper quelques heures à cette atmosphère de vie à deux sans amour, qui est bien la plus puante chose que je sache ici-bas, et pour changer au moins le décor de son monotone supplice. A peine furent-ils partis qu'Odile courut au bouton électrique, et, moins d'un quart d'heure après, Lancelot, en tenue de travail, était auprès d'elle. En voilà un qui n'était certainement pas un bâtard de la grande famille des Ratafoison! Ah! mais non!

IV

— Tu ne mangerais-pas bien quelque chose, mon chéri?

— Ma foi si ! répondit Lancelot à Odile. Et il ajouta avec une fatuité blâmable : J'ai bien gagné mon appétit.

— C'est ça, dit-elle. Tout ce qui précède n'est qu'un apéritif. Nous prendrons le café et le pousse-café tout à l'heure.

— Oh ! oh ! le pousse-café, fit en minaudant le pompier.

— Certainement, monsieur, je ne vous laisserai pas partir sans ça.

— Pourquoi pas aussi la rincette et la sur-rincette ?

— C'est vrai, au fait, nous aurons peut-être le temps : car monsieur mènera sans doute madame au théâtre. Celle-ci avait bien envie de voir jouer *Héloïse et Abélard*. Mais j'ai entendu monsieur qui lui disait : Non, non, ce sot ouvrage vous porterait encore sur les nerfs. Au fait, que veux-tu manger, ma caille ?

— Des œufs au jambon me diraient assez, répondit, en faisant claquer voluptueusement sa langue, Lancelot, avec une bouteille de bourgogne.

Les yeux et la bouche comme mouillés de reconnaissance, Odile s'élança dans la cuisine, décrocha la poêle, la tamponna, y coucha une tranche rose de charcuterie, puis y fit tomber une bille de beurre. Après quoi elle cassa des œufs au-dessus, tandis que Lancelot allumait un feu de brésilles qui crépitait en constellant d'étincelles l'ombre intérieure de la cheminée. Et tous deux, en s'aidant ainsi dans leur gastronomique ouvrage, échangeaient des sourires où les promesses du café, du pousse-café, de la rincette et de la surrincette, se croisaient dans l'air avec un souffle de baisers contenus. Bientôt la poêle fut rouge, rouge au point qu'Odile dut prendre une serviette pour en tenir la queue, au moment de verser son contenu dans le plat que Lancelot tendait complaisamment devant elle. O moment plein de péril et d'horreur ! Une clef entrait précisément dans la serrure. C'était monsieur et madame revenus longtemps avant l'heure où on les attendait. Pourquoi ? vous êtes trop pressés de le savoir, mes gentilshommes. Vous êtes cependant, j'en conviens, infiniment moins pressés que ne l'était la pauvre comtesse Hildegarde-Beauminet de Ratafoison.

V

Ce fut un affolement véritable pour les amoureux. Avant de se cacher courageusement dans un placard, Lancelot avait eu le temps de remettre le plat dans le buffet. Mais la pauvre Odile ! Elle était là, sa poêle à la main, sa poêle rouge dont la queue faisait fumer la serviette, ne sachant où enfouir le corps du délit, cette incandescente preuve de ses mœurs hospitalières à l'endroit des troupiers... Une inspiration soudaine la prit. Un cabinet était voisin, tout embaumé d'herbes odorantes, et dont la principale décoration était une série de petites affiches flottantes, enfilées dans le même clou et à portée de la main. Emile Deschamps a fort bien décrit, dans une pièce célèbre,

> Ce lieu solitaire et secret
> Que le parfum du sacrifice
> Révèle au pèlerin discret.

et il ajoute, pour qu'on n'en ignore :

> Là, sous un bosquet de lavande,
> Chaque jour, vient quelque mortel
> Déposer sa timide offrande,]
> Qui fume et se perd sous l'autel.

Ce qui suit n'est-t-il pas délicieux encore :

> Là, déployant avec mystère
> Un billet qu'elle ne lit pas,
> La belle, douce et solitaire,
> Dévoile un moment ses appas.
> Elle en sort, confuse et légère.
> Elle en sort, pour y revenir ;
> Et jamais, princesse ou bergère,
> Sans y laisser un souvenir !

Ma foi, maintenant que j'ai chargé la Muse chaste d'un aimable poète de vous fourrer le nez dedans, je m'en lave copieusement les mains, comme fait

M. le président de la République, qui sait que l'eau ne coûte pas cher. Un siège inoccupé était béant devant une planche relevée, Odile y posa résolument la poêle embrassée où le jambon continuait aux œufs encore mous son idylle sonore. Fatale inspiration ! A peine avait-elle quitté le buen retiro que j'ai voulu dire que Mme la comtesse s'y précipita comme une simple bombe lancée par un canonnier de choix, car il faut bien vous le dire maintenant, gros friands de gentillesse, c'était une énorme colique de Mme la comtesse Hildegarde qui avait forcé les époux à regagner précipitamment leur logis.

VI

Avez-vous vu quelquefois, par une belle nuit d'été, la lune, en son cours majestueux, effleurer la surface d'un grand lac aux eaux calmes et rêveuses ? C'est un des plus admirables spectacles de la nature, et je n'hésite pas à croire que c'est lui qui a inspiré la fable charmante de Diane descendant dans la profondeur transparente des eaux, à l'heure où l'indiscret Actéon épiait les moindres mouvements du corps lumineux de la divine chasseresse. A l'instant où l'astre semble toucher l'eau, jaillit de celle-ci un microcosme d'étincelles, et, de petites vagues de clarté courent, comme des feux follets, sur les rides insensibles jusque-là du flot. Ainsi, le beurre en ébullition salua, par un petit feu d'artifice, la descente des bas-reins à nu de M™° la comtesse dans la poêle rouge qu'elle n'avait pas vue, tant elle s'était pressée de retrousser ses jupes pour s'asseoir sur le siège libérateur. Un grand cri retentit, non pas dans Ramah, mais dans la maison, et la malheureuse femme, horriblement brûlée eu derrière s'étant élancée au travers de l'appartement, y courait comme une insensée, tandis que les fines dentelles de son pantalon, ayant pris feu au fer incandescent, lui grillaient les cuisses avec une suave odeur de rôti. M. le comte éperdu avait couru au bouton électrique. Mais il n'y avait pas encore posé le doigt, que déjà un pompier, coiffé de son casque et sanglé de sa ceinture à anneau, éteignait dans ses bras l'incendie des faux-filets de dame Hildegarde. C'était le généreux Lancelot qui avait résolûment bravé le danger de signaler sa présence pour obéir au mâle appel du devoir. Bien lui en prit. M. de Ratafoison, enthousiasmé, signala à l'attention de ses supérieurs le militaire précieux qui devançait le signal pour s'élancer au combat, ce pompier intelligent qui devinait le péril avant qu'il lui fût signalé. M. de Ratafoison a le bras long et Lancelot sera caporal cette année. Il arrosera ses galons avec Odile, n'en doutez pas. Et la pauvre comtesse? Eh bien, depuis ce jour-là, par ordonnance du médecin, elle porte une culotte de purée de pommes de terre et de confiture de groseille. Ce sont deux choses que j'aime infiniment, mais pas ensemble, et présentées sur une autre assiette.

Mes excuses aux gens sérieux.

FIGURE DE RHÉTORIQUE

I

Après avoir épousé, devant les gens qui compètent en matière de mariage, la délicieuse Ursule de Château-Guignard, le baron Jean des Etoupettes s'était retiré dans ses terres de Normandie et y menait la vie solitaire à deux, d'un mari profondément épris de sa femme. Il y avait de quoi, morbleu ! Et même sous la douche matrimoniale, vous eussiez adoré, comme lui, cette créature à la fois belle et joyeuse, pleine de droiture et de santé, appétissante et cordiale, un vrai sourire de chair sur lequel volait sans cesse la poésie d'une chanson. Ah ! l'aimable fille avec ses grands yeux bleus regardant bien en face, sa bouche dont les moues elles-mêmes appelaient le baiser, sa main grassouillette et aristocratique de dessin toujours tendue, sa gorge dont les éclats de sa gaîté n'ébranlaient pas les marbres roses et vivants, ses reins cambrés dont l'arc avait les lignes pures de celui de Diane, son... non! mais vous me laisseriez aller comme ça jusqu'à demain! Et si le baron me giflait, iriez-vous vous battre pour moi? C'est qu'il est fort jaloux, le baron! Et il a tort. Car sachez que je viens de vous faire un conte. Je n'ai jamais vu ni les reins ni la gorge de Mᵐᵉ des Étoupettes qui est la plus vertueuse du monde; seulement je les ai devinés, parce que la beauté de la femme a des logiques inflexibles et que l'homme d'expérience restitue à coup sûr, dans la splendeur de leur nudité, toutes les merveilles qu'elle nous cache et garde à son seul époux. Je vous ai fait un conte, mais je maintiens ce que j'ai dit. Un ménage fort heureux au demeurant. Le baron qui avait servi dans la cavalerie, et avait, de plus, fréquenté les ateliers pendant qu'il tenait garnison à Paris, était sans morgue seigneuriale aucune et parlait volontiers le langage imagé que nos artistes ont hérité des aïeux. Les menus propos grassouillets n'étaient pas d'ailleurs pour faire peur à la jeune baronne qui riait de tout et était prodigieusement bonne enfant. Ce couple, sage et exempt de toute bégueulerie, menait une vie large et émaillée de mille petites fumisteries que le conjoint faisait à la conjointe et réciproquement. Car M. Jean des Étoupettes avait pris, dans le commerce des peintres et des sculpteurs, un goût immodéré pour les charges et l'avait fait partager à sa moitié. Voilà qui vaut d'ailleurs infiniment mieux que de s'occuper de politique.

II

Il était cinq heures du matin, et le baron passait ses habits de chasse. Ursule, qu'il avait réveillée en se levant, en profitait pour lui demander une paire de petits chevaux bretons, dont elle avait une envie folle depuis un mois. Pour la vingtième fois, le baron refusait avec énergie, ces bêtes entêtées et violentes (c'est des chevaux bretons, et non du baron que je parle) lui semblant les plus dangereuses du monde. Et comme Ursule insistait avec des impatiences d'enfant :

— Que j'aie le derrière peint en vert si je vous les donne jamais ! s'écria-t-il par manière de parler libre et pittoresque qui était dans ses façons habituelles.

— Ce n'est pas joli ce que vous dites-là, monsieur, se contenta de répondre Ursule, avec un air adorable de bouderie.

Le baron l'embrassa dans les cheveux, ce qui est exquis le matin quand la tête de la femme est encore tiède de sommeil et légèrement embroussaillée par les poses nonchalantes de la nuit. Puis il descendit au chenil, jura, siffla, rassembla ses chiens, fit boucler ses hautes guêtres par le garde, assura son fusil sous son bras et partit pour aller emboîter d'innocents lapins en train de promener leurs petits museaux roses sur les fraîcheurs roséennes du thym. Dans ce belliqueux et utile exercice, il dépassa les frontières de son domaine, et il se trouvait notoirement sur celui de la commune, quand il entendit derrière lui un coup de feu. Une ou deux légères piqûres dans le gras des reins l'avertit en même temps que le chasseur n'avait pas perdu tout son plomb. Il aurait fallu voir les petits lapins rire aux larmes derrière la haie voisine.

— Fichu maladroit! hurla le baron en se retournant.

Un homme venait à lui, se hâtant dans les raideurs d'un accoutrement tout neuf, avec un pince-nez en fourchette que le mouvement de sa course avait fait descendre ridiculement.

— Pardon, monsieur, vous aurais-je touché?

— Certainement, imbécile.

— Ah! mais pardon! Quand je viens vous faire des excuses, je n'entends pas recevoir de gros mots.

— Vous êtes un animal!

— Et vous un malotru!

Ils marchèrent vivement l'un vers l'autre, en

fouillant dans leur poche comme pour y trouver des cartes. Mais quand ils furent à cinq pas l'un de l'autre, ils ouvrirent simultanément leurs bras et s'enfermèrent dans une double étreinte :

— Mon cher Ventemol !
— Mon vieux des Étoupettes !

Ils étaient si grotesques que les petits lapins étaient obligés de mettre leurs pattes sur leurs ventres blancs pour ne pas éclater.

III

— Toujours myope, mon pauvre Ventemol ?
— Hélas ! Il y a longtemps que je serais chef d'escadron sans cela. Et toi ?
— Heureux et marié. J'habite à deux pas d'ici le château de mes pères. Au fait, nous allons déjeuner à l'auberge, mais tu viendras dîner ce soir à la maison et y passer la nuit.
— Impossible ! Crois-tu que je voudrais me présenter devant ta jeune femme dans cet accoutrement !
— Tu ne connais pas ma femme ! Un bon garçon comme toi et moi ! Meilleur que toi ! car jamais elle ne s'est permis de me tirer des coups de fusil où tu sais.

— Non ! mon ami, pour rien au monde je ne paraîtrais devant une châtelaine dans l'état où je suis.

— Eh bien ! nous allons arranger ça.

— Comment ?

— Tu es de ma taille et à fort peu près de ma « corporation » comme dit M. Schumann, mon tailleur. Tu te rappelles bien d'ailleurs qu'au régiment nous nous sommes souvent prêté nos uniformes.

— Après ?

— Nous ferons comme au régiment. Nous rentrerons sans bruit : Je te conduirai silencieusement dans ma chambre, sans prévenir la baronne de ton arrivée. Tu y trouveras de quoi changer de linge et tu revêtiras un de mes complets. Pendant ce temps, je donnerai un coup d'œil au chenil. Puis je viendrai te reprendre. Tu seras tout battant neuf et mis comme un marguillier. Je te présenterai à la baronne qui ne reconnaîtra pas mes habits sur ton dos, et tout se sera passé, comme à la cour d'Espagne, dans toutes les rigueurs de l'étiquette.

— Soit ! dit Ventemol. Je serai heureux de connaître la femme qui a fixé pour jamais le volage des Etoupettes.

Ils s'éloignèrent en cheminant vers une façon de cabaret où l'on faisait de délicieuses omelettes au lard. A peine furent-ils partis que les petits lapins dépêchèrent des reporters dans tous les sens pour conter ce qu'ils avaient vu et entendu à leurs contemporains.

IV

Le baron a conduit le capitaine Ventemol dans sa chambre, lui a donné le choix entre plusieurs complets fort élégants et lui a ouvert l'armoire au linge. Après quoi il s'est retiré conformément à son programme. Ventemol a commencé sa toilette et en est venu au moment de passer une chemise. Le devant et les manches de celle qu'il a choisie sont maintenus en place par un nombre prodigieux d'épingles, si bien qu'après avoir enfilé les pans au-dessus de sa tête, le capitaine, qui n'a pas pris la précaution de retirer tous ces petits piquants se trouve pris sous une façon de cloche dont le haut est fermé par l'empois et qu'il manie très difficilement sans se piquer, n'osant plus en sortir et ne parvenant pas à s'y insinuer complètement. Nous avons tous passé par ce genre de torture inventé par les blanchisseuses. Ladite façon de cloche descendait juste à la hauteur des hanches, de sorte que tout le reste de la personne de Ventemol, y compris ce qu'elle avait de plus charnu, était indécemment au vent, comme dans les images païennes d'Hercule et d'Apollon. Au-dessus de cette rotondité en plein air, un souffle léger et ironique, venu par la fenêtre et tout embaumé de l'âme des fleurs automnales, agitait mollement, comme une voile, le pan souple de la chemise. Tout à coup le capitaine, qui ne savait comment sortir de cette position ridiculement critique, se sentit rougir jusqu'au front, en entendant distinctement dans le silence de son désespoir, un petit frôlement de pas et de jupes. Il retint son souffle pour ne pas attirer l'attention et demeura immobile. Mais bientôt, le délicieux frôlement étant venu jusqu'à lui et ayant brusquement cessé, il sentit quelque chose de très doux, comme une queue de blaireau, qu'on lui promenait au-dessous des reins dans tous les sens ; en même temps, il éprouva une impression humide sur toute la région de son individu ainsi caressée. Cela dura quelques secondes au plus, mais qui lui parurent une éternité, tant il était inquiet et intrigué de ce qui se passait. Les pas et la jupe reprirent leur chanson qui s'éteignit rapidement et que termina un éclat de rire déjà lointain, mais strident et joyeux comme un bruit de verre.

Se sentant enfin seul, Ventemol tira rageusement à lui les pans de sa chemise et, au risque de s'égratigner les bras et le visage y pénétra violemment ; passa une cravate, acheva de se vêtir et se trouva prêt quand le baron vint le reprendre en sifflant une fanfare joyeuse. Tout abasourdi de son aventure, il se garda bien néanmoins de la lui conter. C'était à la fois embarrassant, inutile et même imprudent. La présentation se fit le plus galamment du monde. Au dîner, Ventemol, qui était physionomiste, ne fut pas sans remarquer que la baronne avait toujours envie de rire en regardant son mari et qu'un éclair de moquerie douce passait alors dans ses yeux.

V

— Eh bien, mon chéri, j'aurai mes petits chevaux bretons ?

— Par exemple ! moins que jamais, ma chère Ursule !

— Vous ne vous rappelez donc pas ce que vous m'avez dit ce matin ?

— Moi ? Et quoi donc ?

— Vous avez dit que je les aurais le jour où vous auriez..., vous savez bien ! peint en vert. Une de vos expressions favorites.

— Et puis après ?

— Eh bien, mon mignon, pendant que je retire mes bas pour me mettre au lit, au lieu de m'y aider, comme à l'ordinaire, allez-vous en du côté de la glace, et laissant choir votre pantalon regardez-y l'envers de votre personne.

Le baron, très intrigué, obéit.

— Je ne vois, dit-il, que la trace des deux grains de plomb que cette buse de Ventemol y a logés.

La baronne, plus intriguée encore, accourut. Elle parut surprise en apercevant l'image aussi blanche qu'une botte de lis.

— Vous avez donc pris un bain? s'écria-t-elle.

— Moi? par exemple! et à quel moment?

— C'est vrai! mais alors?... Vous ne vous êtes aperçu de rien dans la chambre pendant que vous vous débattiez contre votre chemise?

— Moi! mais de rien absolument.

— Ah! c'est trop fort et vraiment indigne! Vous tenez un vilain propos et je vous prends au mot pour obtenir une chose que je désire ardemment. J'arrive, à force d'adresse et de ruse, à réaliser votre malpropre idée, et vous faites, je ne sais comment, disparaître mon ouvrage. C'est de la mauvaise foi ça, monsieur, et je les ai gagnés, mes petits chevaux, loyalement gagnés, malgré l'air bête que vous prenez pour faire celui qui ne comprend rien! Et je les veux, entendez-vous, parce que vous avez juré et que ce que vous avez dit a été fait.

Et, prise d'une colère enfantine, elle trépignait de ses jolis pieds nus sur le tapis.

— Ma femme a bu une pointe de champagne de trop! se dit philosophiquement le baron Jean des Étoupettes. Mais Ursule le bouda toute la nuit, ce qui lui fut spécialement désagréable, parce qu'il se sentait plein d'imagination conjugale.

Le lendemain matin quand il entra dans la chambre de Ventemol, il trouva celui-ci, pâle comme un mort, assis dans son lit grand ouvert, immobile et comme stupéfié, dans une contemplation douloureuse.

Au milieu des draps, à l'endroit juste où avait reposé le mitan de la personne du capitaine, imaginez un paysage d'un vert cru, éclatant et impitoyable à l'œil.

— Je ne sais pas ce que j'ai eu cette nuit, dit d'une voix dolente le capitaine à son ami, en lui montrant ce faux Hanoteau, mais je dois être bien malade.

Le baron Jean des Étoupettes se frappa le front et sortit atterré, sans dire un mot. Avait-il deviné de quelle erreur la malice innocente de la baronne avait été victime?... Toujours est-il qu'il abandonna son juron favori et ne retint pas Ventemol à déjeuner ce jour-là.

L'ATTENTION MAL RÉCOMPENSÉE

I

Ceci est encore un conte gaulois et non pas écrit pour ceux dont le nez n'aime à respirer que ce qui fleure la lavande ambrée ou la verveine, comme ce gentilhomme dont mon compère Maufrigneuse vous a conté l'histoire, il n'y a pas plus de vingt lunes. Je laisserai d'ailleurs l'aventure en son temps, ne fût-ce que pour vous donner à croire que les hommes d'aujourd'hui, élevés au grade angélique par la beauté de nos institutions républicaines, ne sont point capables de pareilles vilenies, occupés qu'ils sont de remercier le Dieu qui les fit naître en un si glorieux moment. Nous sommes donc, si vous le voulez bien, sous le règne de quelqu'un de ces despotes, dont la mémoire soit maudite à jamais, qui firent semblant de constituer le royaume de France pour se faire pardonner leurs crimes par la postérité. Sous ces méchants monarques, les procureurs n'étaient pas, comme ceux d'à présent, de braves gens qui prennent soin d'éteindre les procès entre les familles, de peur d'en tirer le moindre profit. Les frais de justice n'étaient pas, comme de nos jours, une bagatelle, et ceux qui en vivaient pouvaient s'engraisser des produits de la chicane, ce qui nous semble monstrueux. Le doux Racine, lui-même, a flétri cette indignité d'un autre âge. Les plaideurs grugés par les gens de tribunal! Maître Guillaume Lepet était un de ces coquins qui vendaient leur plume et leur parole au plus offrant, pour feindre de défendre leurs intérêts en les ruinant, industrie coupable qui, Dieu merci, a disparu de nos mœurs avec les derniers lambeaux de la tyrannie. Ce gros procureur (on les nommait alors ainsi) était la terreur de Brive-la-Gaillarde, où les chicaneurs ne furent jamais rares, et ceux contre qui il plaidait n'avaient de ressource que de recourir à son rival, Maître Honoré Humevent, qui n'était ni moins voleur, ni moins impertinent que lui. Il fallait les voir, à eux deux, empoigner une bonne renommée ou une copieuse fortune et n'en laisser ni un mauvais sou rogné, ni un maigre brin de considération, cognant sur leur proie à coups de bec, comme font les corbeaux qui ont aussi le bec dur et la robe noire. Ennemis par profession, devant le tribunal, s'entend, dont ils réveillaient, à tout instant, les pauvres juges par leurs clameurs (car les juges dormaient quelquefois avant les grandes réformes contemporaines), s'injuriant avec délices sur le dos de leurs clients, ils étaient, au fond, pleins d'estime et d'amitié l'un pour l'autre, et c'était plaisir, après les avoir entendus se traiter tout le jour comme de la canaille! de les voir quelquefois, le soir, engloutir ensemble quelque dinde coûteuse, arrosée des meilleurs vins de la région, qui en produit de fort agréables. Et ils ne se gênaient pas pour se moquer des imbéciles qui leur fournissaient ces victuailles, buvant dru à la santé de leur bêtise et contant de belles gaudrioles à leurs dépens, en riant à se fendre les mâchoires.

Ce jour-là maître Guillaume Lepel devait précisément dîner chez maître Honoré Humevent, après une audience orageuse où l'honneur et les écus de l'illustre race des Cucu de la Hannetonnière devaient danser un fier rigodon.

II

Quand il eut enfermé ses jambes légèrement torses dans sa culotte noire, passé son habit volontairement râpé pour simuler la misère, et pendu, derrière ses reins, la grande gibecière de cuir où il enfournait des dossiers et qui lui battait toujours aux fesses, attachée qu'elle était à ses épaules par une lanière trop longue, maître Lepet s'approcha galamment du lit où reposait encore sa femme Gertrude, — car il n'était pas encore midi, — et lui voulut donner un baiser. Mais celle-ci se retournant, lui appliqua une énorme gifle :

— Qu'est-ceci, ma mie ? fit le procureur en se frottant la joue.

— Après dix jours, n'avez-vous pas honte de vouloir m'embrasser ? répondit Gertrude avec colère.

— Dix jours... de quoi ?

— Vous m'entendez bien, monsieur, dix nuits, si vous aimez mieux, et n'est-ce pas pitoyable de traiter une femme de mon âge de cette façon ? Si vous ne me trouvez plus à votre goût, il faut le dire. Je ne manquerai pas de gens pour vous faire cocu. Avec ces bras-là, cette gorge-là, ce...

— Ma mie, vous allez vous enrhumer. Couvrez-vous, je vous prie. Permettez-moi de vous dire d'abord que vos prémisses sont vicieuses...

— Moi, j'ai quelque chose de mal ! Mais regardez donc...

— Je vous dis que vous allez attraper une fluxion de poitrine. J'ajoute que vous vous trompez dans votre argumentation. Car, si j'ai bonne mémoire, c'est mercredi dernier que...

— Ah ! vous pointez votre calendrier, maintenant ! Ça, c'est le bouquet ! Monsieur tient une comptabilité ! Monsieur a ses livres ! O Amour, console-toi en consultant les écritures de monsieur et donne un quitus au plus consciencieux des maris !

Et Gertrude riait nerveusement avec des larmes dans les yeux.

— Tu es drôle aussi, toi, continua maître Guillaume. Tu t'imagines qu'après avoir plaidé tout le jour, mouillé plusieurs robes et fait envoyer aux galères un tas d'innocents, on rentre chez soi plein d'images riantes et de voluptés contenues, ne rêvant que les mortelles délices du conjugal bonheur. C'est un double labeur auquel je me consumerais vite.

— J'aurais, au moins, la ressource de me remarier après, et peut-être, cette fois-là, tomberai-je mieux !

— Fi ! que voilà un vilain propos, ma mie, et la grossière nature que vous montrez là !

— Grossier vous même, monsieur Guillaume ; mais je ne vous fais plus l'honneur de vous parler. J'agirai..

Et dame Gertrude, s'étant de nouveau retournée, se barricada dans ses draps que ses hanches rebondies gonflaient fort aimablement...

Maître Guillaume se tut. Au fond, sa conscience n'était pas tranquille. Car il faut convenir encore que lorsqu'il avait bien dîné avec son ami maître Honoré Humevent, nos deux polissons n'avaient pas de plus grand plaisir que d'aller courir le guilledou et voir les filles, ce qui est une occupation aussi déshonorante qu'agréable, aussi bien pour les gens de loi que pour le reste des mortels.

— Je lui rapporterai, ce soir, quelque présent pour la calmer, pensa-t-il en tirant doucement la porte derrière lui, pour ne pas réveiller la fureur assoupie. Et il ajouta, toujours mentalement : Je suis tout de même un fameux coquin !

III

Tout ce qui restait du patrimoine, copieux jadis, et du nom longtemps honoré des Cucu de la Hannetonnière était demeuré sur le carreau du prétoire. Maître Guillaume et maître Honoré, encore échauffés du combat, venaient de manger et de boire, comme le font volontiers les soudards après la victoire, je veux dire immodérément et fort au delà de leur appétit. Maître Guillaume, en particulier, avait noyé les reliques récalcitrantes d'un lièvre dans un vrai flot de vin d'Anjou, lequel est le plus traître du monde, tout en se faisant passer pour le plus digestif. Un magnifique dessert venait d'être apporté sur la table.

— Je n'ai plus faim, dit Lepet, et je le regrette ; car voici les plus admirables poires que j'aie vues de ma vie.

— Elles sont de mon jardin, répondit Humevent et plus délicieuses encore que belles. Mais, au fait, cher confrère, en voulez-vous prendre deux ou trois pour les manger chez vous avec Mme Guillaume ?

— Et où les mettrai-je, grands dieux, mon ami ! Elles feraient craquer toutes mes poches !

— Dans votre gibecière, parbleu !

— Et mes dossiers ?

— Je vous les appporterai demain à l'audience, avec les miens.

— Vous ne les regarderez pas de trop près, au moins ?

— Ah ! confrère ! pouvez-vous vous méfier de moi ?

Et les deux gredins se pressèrent les mains avec des regards d'innocence et de reproche dans les yeux.

— Au fait, pensait maître Guillaume, ma femme adore les poires et croira que je viens de payer celles-ci très cher. Je ne saurais vraiment lui faire un cadeau plus selon ses goûts et moins coûteux pour moi-même ?

Or donc il soulagea complètement sa large gibecière des paperasses dégoutantes qui l'encombraient; il la repassa, vide, sur son derrière, et maître Humevent y posa, bien dans le fond, les deux plus belles poires du compotier, deux poires qui ressemblaient, par la taille, à des petits melons et pour lesquelles, Eve, dédaignant les pommes maudites, eût vendu deux fois le Paradis.

Puis les deux amis se quittèrent, fort contents l'un de l'autre, et en sifflotant des airs joyeux qu'ils avaient composés sur les déconfitures des Gucu de la Hannetonnière.

IV

Il faisait une belle nuit, mais sans grande clarté lunaire. Brive-la-Gaillarde reposait déjà depuis deux heures, sous le manteau silencieux des ombres, quand maître Guillaume se mit en devoir de traverser la ville d'un bout à l'autre pour rejoindre sa demeure. Car Humevent et lui habitaient aux deux points les plus éloignés. Les rues étaient désertes et les falots éteints partout. Mais il connaissait à merveille son chemin. Or il ne marchait pas depuis longtemps quand une soudaine révolte du lièvre mal noyé par le vin d'Anjou, lui fit passer une douleur aux entrailles. Cet animal est singulièrement vindicatif à l'endroit (et surtout à l'envers) de ceux qui le mangent. Le moins qu'il vous envoie c'est des cauchemars épouvantables, et j'ai toujours pensé que Macbeth avait tout simplement abusé de ce gibier. Maître Guillaume porta les mains à son ventre, et sentit qu'il ne pouvait pas aller beaucoup plus loin sans faire une halte. Il pensa d'abord à honorer le seuil d'un voisin de cette petite visite ; mais il pensa que le voisin pourrait soudainement sortir et lui envoyer quelques bons coups de pied dans ses chausses pour le remercier du choix... Un large ruisseau, entretenu par une pluie d'orage récente, courait au milieu de la rue, lavant les cailloux avec fracas, et parfait pour étouffer les bruits étrangers. Notre procureur mit un pied sur une rive de ce torrent improvisé, et l'autre pied sur l'autre rive, et se pencha comme pour s'asseoir, en ayant bien soin de rejeter d'un violent coup de main en arrière sa gibecière sur ses épaules, afin qu'elle ne traînât pas dans l'onde.

— Floc ! Floc ! entendit-il aussitôt et un éclaboussement d'eau lui sauta jusqu'au menton.

— Sapristi ! fit notre homme. J'ai bien fait de ne pas aller plus loin, et je n'aurais jamais imaginé moi-même que je fusse si pressé.

Et joyeusement il se remit en route, enchanté de son idée. Les dieux cléments le protégèrent jusqu'au seuil de sa maison qu'il franchit de l'air le plus déluré du monde. A peine entré dans la chambre conjugale où son épouse l'attendait pour reprendre la grognerie interrompue le matin.

— Gertrude, ma femme, fit-il joyeusement en se retournant ; regardez un peu ce que j'apporte pour vous dans ma gibecière.

— Ce doit être quelque chose de joli, répondit Mme Guillaume, en haussant les épaules et d'un air de mauvaise humeur.

— Fouillez toujours, ma mie ? répondit le jovial procureur.

La femme est plus curieuse encore qu'amoureuse

de scènes. Toujours grinchue, dame Gertrude s'approcha cependant et plongea une main dans le grand sac de cuir. Immédiatement, elle porta vivement l'autre à son nez, en reculant avec horreur.

— Vous êtes un mauvais plaisant, fit-elle ; il n'y a rien dans votre gibecière et vous empoisonnez !

— Ah ! fit Guillaume en pâlissant et en portant lui-même vivement ses mains en arrière. La gibecière était vide, en effet, mais non pas sa culotte noire. Le bruit qu'il avait entendu était celui des deux poires tombant dans l'eau, bruit dont la nature l'avait trompé, tandis que lui-même, ayant omis dans sa précipitation de se mettre suffisamment à son aise, enfermait dans la bergerie le loup qu'il croyait en chasser.

Un énorme soufflet le réveilla de sa douloureuse rêverie ! C'était dame Gertrude qui le remerciait de son présent. Ayez donc des attentions pour les dames ! Mais encore une fois, cela se passait aux plus mauvais jours de notre histoire, et ce conte grassouillet a, pour l'excuser, d'être conforme au déplorable goût de nos aïeux.

PHILANTHROPIE

I

Je suis à peu près sûr que l'aventure que je vous vais conter eut pour théâtre la Flandre française. Je la ferai passer néanmoins dans la capitale de la Flandre belge, parce que j'ai pris une solennelle résolution. Désormais, par patriotisme, je ne parlerai plus de mes concitoyens que pour exalter leurs héroïques vertus. Depuis que l'étranger vit de notre littérature, il se plaît à croire que, seuls, nous avons, tous les vices qu'exploitent, pour les besoins de leurs inventions, nos dramaturges et nos romanciers. Je veux réagir contre cette vanité déplacée.

Non, messeigneurs, ce n'est pas en France, malgré qu'il soit poli et innocent au premier abord, qu'eut lieu le petit dialogue bourgeois que voici, sous la lumière des lampes et dans un petit salon modeste et confortable à la fois.

— Ainsi, mon pauvre monsieur Hostequette, vous avez encore demain une séance de nuit pour votre œuvre philanthropique de Biberon-Adulte?

— Hélas! oui, ma chère Mᵐᵉ Van de Putte, nos comptes sont en retard et il a été décidé qu'on ne terminerait la séance que quand ils seraient apurés, ce qui nous conduira bien jusqu'à six heures du matin. Au reste, Van de Putte doit avoir reçu sa convocation comme moi.

— En effet, dit Van de Putte, en tirant un papier défraîchi de sa poche.

— La bienfaisance est une vertu certainement, dit sincèrement à son tour Mᵐᵉ Hostequette, mais c'est en abuser que de ne prendre pas même les heures de repos qui sont dues au foyer.

Van de Putte sentit la nécessité de venir à la rescousse.

— L'œuvre du Biberon-Adulte, fit-il, n'est pas une œuvre ordinaire. Elle mérite des sacrifices tout particuliers. Que voulons-nous tenter, en effet? La régénération des classes pauvres par l'allaitement prolongé jusqu'aux limites de la vieillesse. Les médecins chinois en font un remède aux plus graves maladies. Nous, nous en voulons faire un préservatif sans pareil. Quand, au lieu d'aller s'abrutir dans les cabarets avec des alcools, les travailleurs resteront chez eux pour téter en famille, tout ira mieux dans une société aux mœurs adoucies. Il résulte du dernier rapport de notre éminent confrère, le Dr Van de Ross, que l'homme soumis à ce régime sent renaître en lui des forces nouvelles en même temps que les affectueuses manières des nourrissons, tant son âme, aussi bien que son corps, en est améliorée.

— Vous me ferez l'amitié de vous y mettre, Hostequette, dit sa femme à celui-ci.

Mme Van de Putte exigea de son mari la même promesse. Après quoi les deux ménages amis se séparèrent. Les deux dames convinrent qu'elles passeraient encore la soirée ensemble, puisqu'elles se trouvaient également veuves, grâce aux charitables occupations de leurs époux.

II

— Garçon, un cabinet! nous attendons deux femmes.

— Bien! monsieur Van de Putte.

— Obligez-moi, animal, d'oublier mon nom en pareil cas.

— Et le mien aussi, dit Hostequette.

— Bien, monsieur Hostequette.

Les deux amis s'assirent sur le divan crasseux qui constitue, des deux côtés de la frontière, l'indispensable mobilier de ce genre d'endroit, puis ils se prirent à rire avec infiniment de malice.

— Crois-tu que Mme Van de Putte a assez bien avalé la pilule ?

— Mme Hostequette, qui est pourtant moins crédule et moins commode, a fini par la gober aussi.

— Nous avons eu une fière idée tout de même d'inventer l'œuvre du Biberon-Adulte !

— Sans compter qu'elle rendra des services par la suite, outre ceux qu'elle rend déjà aux maris qui ont envie de découcher.

— Il est décidément doux de faire agréablement le bien.

Un froufrou de robes dans le couloir interrompit la conversation des deux philanthropes. Berthe et Fanny entrèrent avec des sourires délicieusement maquillés. Ici je suis fort embarrassé vraiment. La profession de ces demoiselles me donne une rude envie de les renier comme compatriotes. Oui, mais elles étaient charmantes, et c'est toujours une gloire pour un pays que de produire d'aussi délicieuses créatures, même quand leur vertu n'est pas de même envergure que leur beauté. Pimpantes comme de beaux oiseaux des îles, futiles comme des rayons de lune, toutes faites de grâce et de mensonge, elles avaient bien le charme exquis des Parisiennes de

Paris. Zut ! Elles étaient de Paris, je l'avoue cyniquement. Tout le monde sait que les femmes y sont généralement renommées pour leur chasteté. Mais il y a des exceptions à toutes les règles. D'ailleurs, Berthe et Fanny étaient peut-être très chastes en dedans.

III

Je crois même volontiers qu'il leur fallut violenter leur prodigue nature pour se prêter aux fantaisies naturalistes de M. Hostequette et de M. Van de Putte. Car, si j'en crois le récit du garçon, lequel ne quitta pas un instant de l'œil le trou de la serrure, ce ne fut pas seulement leurs lourds mantelets de velours frappé que quittèrent ces demoiselles. Il fait si vite chaud dans ces petites pièces éclairées désordonnément au gaz et qu'emplit l'haleine tiède des truffes et des coulis ! Notre mère Ève, elle-même, en pareil cas, eût mis sa feuille de vigne sur la table parmi celles où s'étalaient les fruits du dessert. Ah ! le garçon ne s'ennuya pas. Mais, si vous croyez que je vais vous lire ses mémoires, vous vous trompez furieusement. J'aime mieux flétrir son indiscrète conduite. Ce n'est pas chez nous qu'un homme investi d'aussi nobles fonctions déshonorerait ses favoris par un procédé aussi indélicat et dont un monstre lui-même serait incapable. Sachez seulement que ces dames furent charmantes et que M. Hostequette n'était pas moins gris que Van de Putte, à deux heures du matin. Seulement, ils n'avaient pas le vin identique. Tandis que M. Van de Putte, fou de gaîté, chantait les refrains les plus inconvenants et esquissait les gestes les moins bégueules, Hostequette avait été pris d'attendrissements intempestifs et pleurait comme un jeune veau. Tout lui rappelait sa mère et son enfance, sa première maîtresse et ses rêves de bonheur; tout, les siphons, les fromages ébréchés, les coupes de champagne mal vidées, les bouts de cigare laissés sur les assiettes, les chartreuses répandues sur la nappe. Qui n'a vu de ces mélancolies de repus risibles et humiliantes à la fois? Il suppliait Berthe et Fanny de rentrer dans leurs familles pour s'y marier honnêtement, et, devant les éclats de rire de celles-ci, sentant redoubler sa tristesse, il fondait en larmes dans son mouchoir.

— Tiens, mon garçon, voilà pour ta route!

Et Van de Putte, que ces pleurnicheries commençaient à embêter, insinua violemment dans la poche de derrière de son ami un linge roulé qu'il avait pris sur la table.

— Garçon, dit-il, quand le lorgneur vint desservir, vous ajouterez une serviette à l'addition.

Mais, tout à sa douleur, Hostequette ne prit même [pa]s garde à cette délicate attention.

IV

— Eh bien, monsieur Hostequette, vos comptes [so]nt-ils apurés ? Il me semble que jusqu'à sept heures [du] matin vous avez eu le temps ?
— Certainement, bonne amie. Mais tu es déjà [leve]vée ?
— Vous savez bien que je ne peux pas dormir [qu]and vous n'êtes pas là.
— Mais alors, maintenant...
— Jamais de la vie ! Est-ce que vous me prenez [po]ur une fille, gros inconvenant ?
— Je suis si heureux d'être débarrassé de cette [fat]igante séance !
— Tiens, qu'est-ce que vous avez donc dans votre [po]che ?

Hostequette frémit en portant la main derrière [lui]. Mais une vision de ce qui s'était passé lui tra[ve]rsa le cerveau ; car souvent les impressions de [no]s organes, impressions inconscientes, n'arrivent

à notre intelligence que longtemps après, com[me]
des fruits mûrs que la moindre secousse fait to[m]-
b[e]r.

— Encore une de mes distractions! fit-il en s[e]
riant gauchement. J'aurai cru mettre mon m[ou]-
choir dans ma poche et j'y aurai fourré la servi[ette]
du verre d'eau sucrée qu'on m'apporte après m[on]
discours.

Et il tira bravement l'objet.

Mais il ne l'eut pas plutôt déployé qu'une su[eur]
froide lui baigna le visage.

Une jambe, puis une autre, puis une fente en[tre]
les deux, des cordons et une délicieuse o[de]ur [de]
toilette féminine, de ces toilettes que les da[mes]
bien tenues font spécialement dans l'apparei[l à]
quatre pieds qu'un de mes amis se propose d'ap[pe]-
ler la pièce d'eau des cuisses.

— Horreur! c'était le pantalon de Fanny que [cet]
imbécile de Van de Putte avait enfoui dans la [po]-
quette de son ami. Une jolie petite culotte feste[on]-
née, un écrin de batiste, un reliquaire de g[laces]
fine.

Mme Hostequette faillit, elle, tomber à la r[en]-
verse.

Ici le mal eût été incurable. Mais là-bas, [les]
voisins, mieux avisés que nous, ont le divor[ce.]
Grâce à ce chiffon révélateur, Fanny deviendrait [un]
jour Mme Hostequette que je n'en serais pas surp[ris.]
Depuis qu'il en est question, Van de Putte, de [son]

cherche sans cesse noise à sa femme, dans
[l'esp]oir qu'elle se fâchera aussi et qu'il pourra
[épou]ser Berthe. Je souhaite à mes aimables com-
[patri]otes cette honorable destinée.

JEANNETTE

I

Elle s'appelait Jeannette.

Sa blancheur rappelait celle des neiges matinales, ses yeux transparents étaient jaspés de filets [d']or; ses moindres mouvements respiraient une [g]râce exquise et sa démarche était la plus légère du [m]onde, bien que ses lourdes mamelles lui traînass[ent] jusqu'aux pieds.

— Plaît-il?

— Tiens, j'avais oublié de vous dire que c'était [u]ne chèvre, la plus belle chèvre de Saint-Agapet, [s]tation peu remarquée du chemin de fer du Nord, parce que la plupart des trains ne s'y arrêtent pas de peur de retarder les changeurs qui filent pour la Belgique. Le chef de gare de Saint-Agapet était cependant, il y a trois mois encore, un cocu méritant beaucoup de considération parmi ses confrères pour le nombre et la variété de façons dont il l'était. Car c'est un mot qu'on a bientôt fait de jeter à la face des gens, les confondant tous dans une promiscuité désagréable pour ceux qui mériteraient des grades ou d'honorifiques distinctions. M. Boulmiche, — celui dont je vous parle, — eût dû, pour le moins, être porte-étendard de son département. La chose eût été d'autant plus piquante qu'il ignorait absolument son état, comme tous ceux qui le sont de race et par une gracieuse intention de la Nature. C'est fort innocemment qu'il eût promené sa bannière dans les cortèges orphéoniques et aux grandes cérémonies locales. Et pourtant il devait beaucoup de choses à cette faveur du Destin, notamment sa place, laquelle était peu fatigante et lui valait douze cents francs payés comptant, s'il vous plaît, et en douze payements mensuels égaux par la Compagnie. Oui, c'est en permettant de notables privautés à M. Fernand de la Roche Vessière, inspecteur à plusieurs galons sur la ligne, que Mme Boulmiche — de son petit nom Stéphanie, — avait obtenu à son mari cette situation enviable de chef de gare d'une station où les trains ne s'arrêtent jamais. Elle était donc gentille, cette Boulmiche? — Je vous crois! gentille et dodue, s'il vous plaît, et caressante! Une personne vraiment née pour la plus grande joie de ses contemporains!

II

« On ne peut pas tout avoir » dit un sage proverbe. Boulmiche, si richement doté d'une part, avait, de l'autre, une santé délicate. C'est à la suite d'un hiver passablement catarrheux que le docteur Lafoirasso, le dernier élève de Cabanis, lui avait prescrit le lait de chèvre et que Jeannette avait été installée dans la petite écurie où Stéphanie se livrait à l'éducation des lapins et autres comestibles vivants dont les ménagères provinciales font leur distraction accoutumée. Car, ne croyez pas que M⁻ᵉ Boulmiche passât absolument tout son temps à tromper son mari. Non! Elle savait distraire de cette occupation fondamentale, des heures de loisir consacrées aux innocentes joies que la campagne prodigue aux consciences sans remords. Jeannette fut bientôt sa favorite, et c'était merveille de les rencontrer tous deux par les chemins, celle-ci broutant les premiers serpolets de l'année et celle-là cherchant les dernières violettes dans la sombre verdure où l'ombre des haies entretient la fraîcheur. Boulmiche allait notablement mieux, et si le lieutenant Blanc-Minot, du 3ᵉ dragons, n'eût rencontré dans une petite promenade à cheval, la jolie cheffesse de gare et sa compagne aux pieds fourchus, tout eût été pour le mieux dans le meilleur des mondes sublunaires. Par malheur, Stéphanie s'éprit furieusement de ce militaire, et sa vie en fut toute troublée. C'est au point qu'elle prit l'habitude de sortir à tous moments sans même prévenir son mari, ce qui est un manque d'égards évident. Boulmiche n'était pas un égoïste, et ce lui était un grand ennui de toussailler sans que personne en fût impatienté autour de lui.

III

— Comment déjà partie ! à six heures du matin !

Ainsi dit le vertueux Boulmiche en se réveillant et en regardant sa montre aux lueurs incertaines que filtraient les rideaux de sa fenêtre. Et il ajouta :

— Eh bien et mon lait de chèvre que je dois prendre rigoureusement à six heures et demie ?

Il appela, après s'être assuré avec la main que la

place voisine de la sienne dans le lit conjugal avait cessé d'être tiède depuis longtemps.

— Sacré nom d'un chien! fit-il. Si je n'étais pas sûr de la fidélité de Stéphanie, je me ferais un mauvais sang de tous les diables. Il va falloir maintenant que j'aille traire mon lait moi-même! Et comme ça va faire du bien à mon catarrhe de patauger en sabots dans l'humidité de l'écurie. Ah! toutes les femmes sont bien les mêmes, et la plus vertueuse d'entre elles a les plus vifs inconvénients.

Ce disant, le sage Boulmiche passa sa culotte et un pet-en-l'air de flanelle; puis tout en maugréant, il descendit, une grande tasse à la main. Jeannette était à son poste, immobile, encore engourdie de sommeil et la barbiche plantée dans un ébouriffement de foin. M. Boulmiche s'en approcha avec des paroles câlines, mais la bête le regarda avec de grands yeux étonnés et défiants. Elle s'écarta quand il voulut s'asseoir près d'elle et, lorsque, de force, il eut saisi les pandeloques nourricières qu'il comptait tarir, la chèvre « retint son lait » comme disent les paysans, ne laissant fuir dans le bol béant que quelques gouttes avares. L'homme s'entêta, mais l'animal tint à honneur de ne lui pas céder, si bien qu'au bout d'un quart d'heure, M. Boulmiche avait bien de quoi régaler trois ou quatre mouches tout au plus.

— La rosse! fit-il. Elle ne connaît que sa maîtresse.

IV

Alors une idée de génie lui germa dans le cerveau. Il remonta en souriant lui-même. Il remonta jusqu'à la chambre commune. Là il dépouilla sa culotte et se passa aux reins un paquet de jupons que Stéphanie avait laissés sur une chaise, bouffant et montueux avec des cassures blanches. Il remit son pet-en-l'air au porte-manteau et le remplaça par un peignoir tout imprégné des odeurs vivantes de sa femme; enfin, pour compléter l'illusion, il accumula sur sa nuque deux ou trois nattes de faux cheveux et les enferma dans un bonnet à rubans roses. Tel Achille caché parmi les compagnes de Déïdamia, comme nous l'a montré mon benoît et bien aimé maître Théodore de Banville dans son héroïque comédie. Seulement, tandis qu'Achille était la plus charmante des filles sous le peplum brodé d'hyacinthe, M. Boulmiche, affublé de ces frusques féminines, était bien la plus infâme Gothon qu'ait inventée jamais un caprice de chienlit carnavalesque. Mais Jeannette n'avait aucune esthétique. Se laissa-t-elle prendre aux parfums intimes que sa maîtresse avait laissés en ses vêtements? L'illusion lui vint-elle des couleurs déjà vues sur le dos de Mme Boulmiche? Toujour est-il que la ruse réussit à merveille et que, cette fois-ci, la bête se laissa docilement traire, fermant ses yeux verts comme pour suivre un rêve intérieur qui n'était pas exempt de secrètes voluptés. Tandis que le lait écumant montait dans la tasse attiédie, M. Boulmiche, assis sur un escabeau et tournant le dos à la porte de l'écurie, s'applaudissait d'avoir été aussi spirituel. Il s'applaudissait silencieusement quand une main indiscrète se plongea dans l'effarement de ses jupons, tandis qu'un mouvement passionné renversait sa tête en arrière et amenait ses lèvres sous un baiser de feu.

— O ma Stéphanie bien aimée! murmurait une voix sur sa bouche.

M. Boulmiche éternua de colère et se leva comme si un pal rouge lui fût entré là où ces instruments ont coutume de fréquenter.

V

— M. de La Roche Vessière!
— Monsieur l'inspecteur général, reprit la voix avec solennité. Car ce gredin de La Roche Vessière,

victime de l'erreur que vous avez devinée, avait immédiatement repris son sang-froid et son aplomb. Donc, au-lieu d'être embarrassé, lui, devant le mari à qui il venait d'apprendre si inopinément le déshonneur, c'est sur le ton administratif qu'il reprit en ces termes :

— Ah! ah! monsieur, c'est ainsi qu'au lieu de surveiller votre ligne, vous amusez à vous déguiser en péronnelle! Que diriez-vous, monsieur, si, trompés par votre fichu rouge et le prenant pour un drapeau, les chauffeurs et les mécaniciens causaient mille accidents dangereux à la vie des voyageurs? Vous oubliez donc, Monsieur, que nous avons charge d'âmes?

Et il continua si longtemps cet austère discours que ce pauvre Boulmiche ne savait plus où se fourrer et se confondait en excuses.

— Et votre femme? où est votre femme? Ah! vous ne savez pas où est votre femme? C'est ainsi que vous la surveillez? reprit M. de La Roche Vessière, qui, devinant la vérité, était mordu au cœur par les couleuvres de la jalousie. L'idée que lui-même était trahi le rendit inflexible, et, sur l'heure, l'infortuné chef de gare fut déplacé avec défaveur, ce qui vous explique pourquoi il n'est plus à Saint-Agapet.

Quand je pense que c'est l'inconduite de Mme Boulmiche qui est cause de tout ça, je lui en veux beaucoup à elle et à ce godelureau de Blanc-Minot. Que diable! une femme a le droit de tromper son mari.

Mais pourquoi tromper son amant et exposer cet intéressant La Roche Vessière à embrasser le vilain museau de son époux? Voilà ce qui est tout à fait blâmable. On ne peut changer de mari ; mais j'estime que, pour un amant, mieux vaut en prendre un autre que de le rendre ridicule. L'espèce n'en est pas rare, et ce ne sont pas des gens à honorer des mêmes avantages que les légitimes époux. Si vous ne laissez pas certains privilèges exclusivement attachés au saint état de mariage, vous verrez monter encore l'Océan d'immoralité où menace de s'engloutir la fortune des nations modernes. Ouf! Et je ne suis pas député ! Pauvre pays!

LE CENTENAIRE DE DIAFOIRUS

I

M. le bourgmestre de la ville de Rops, obstinément oubliée sur les cartes de Belgique par les géographes, se creusait depuis longtemps la tête pour inventer une solennité locale qui fît un peu parler de cette citée délaissée. Un jour, enfin, en compulsant, pour la centième fois, les archives municipales, il acquit, à fort peu près, la preuve que le célèbre Diafoirus, immortalisé par Molière, était né dans les environs de Rops. Il ne lui en fallut pas davantage. Il y avait certainement plus de cent ans que ce remarquable praticien était mort ; mais, comme on avait oublié de lui rendre publiquement hommage à cette occasion, M. le bourgmestre pensa que cet acte d'indifférence pouvait être mis sur le compte d'un simple retard, et il fit savoir *urbi et orbi*, par la voix des journaux et des prospectus, que le centenaire du père à Thomas serait fêté par des réjouissances inouïes. Congrès, orphéons, discours, arcs triomphaux, banquets, chevaux de bois, chars allégoriques, représentations théâtrales, feux d'artifice, rien ne devait manquer à ce programme glorieux. Tous les corps médicaux de l'Europe résolurent immédiatement de s'y faire représenter. Notre Académie ne fut pas une des moins empressées, et désigna le Dr Lenflé du Pétard, pour cette mission, d'ailleurs fort recherchée. Bien que fort jeune encore, le Dr Lenflé du Pétard s'était fait une rapide renommée par plusieurs décès inattendus et retentissants, aussi bien que par sa célèbre brochure : *L'art de s'asseoir ou la science de l'oculiste appliquée aux maladies des personnes sédentaires*, ouvrage plein d'aperçus nouveaux dont le corollaire avait été l'invention d'un monocle pour les personnes constipées. Bon vivant d'ailleurs, n'en voulant pas une minute aux gens qu'il avait tués, et bien fait pour représenter, dans le monde des Flandres, le peuple joyeux, spirituel et bon enfant que nous croyons être.

— Viens-tu avec moi? avait-il dit à notre ami Jacques.

— A quel titre? avait répondu celui-ci.

— Mais comme journaliste, si tu veux. La presse est inventée.

— Au fait, c'est vrai, je n'écris nulle part. Donc je suis journaliste.

Et Jacques, qui s'embêtait ferme en ce moment-là, boucla sa valise.

II

Il avait été décidé par M. le bourgmestre que les invités de la ville coucheraient chez l'habitant. Car on est hospitalier en Belgique, comme le savent bien ceux qui furent au centenaire de Rubens. M. le conseiller Van den Bourik ne fut donc pas surpris quand, deux nobles étrangers s'étant présentés à sa porte, les deux cartes suivantes lui furent remises : *Dr Lenflé du Pétard, de la* Faculté de Paris, *et Jacques Moulinot, rédacteur de* l'Invention politique et littéraire, *journal des intérêts aléatoires.* Sans les recevoir lui-même, car M. le conseiller Van den Bourik était plein de morgue, il les fit installer, par son factotum, dans un appartement fort convenable, où un dîner copieux leur fut servi par une bonne tout à fait appétissante, répondant au nom d'Apolline. On était à la veille seulement du grand jour, mais la cité était déjà en fête. Une retraite aux flambeaux et des salves d'artillerie devaient saluer le lever des étoiles et on jouait, au théâtre français de Rops, lequel n'était ouvert au public qu'une fois tous les six ans environ, le *Pi t de Mouton*, arrangé en vaudeville à trois personnages. Comme nos vieux amis venaient d'achever leur café et d'allumer un cigare :

— Allons au spectacle ! dit cet enragé de Lenflé du Pétard.

— Ma foi non ! répondit Jacques, je me réserve pour demain.

— A ton aise, paresseux.

Et le docteur sortit seul, laissant Jacques rêveur. Car celui-ci pensait, tout ensemble, à la dernière maîtresse qui l'avait trahi et aussi à la gorge délicieusement modelée dont le fichu mal noué d'Apolline lui avait laissé apercevoir un petit coin blanc comme une boule de neige.

III

— Entrez !

On venait de frapper discrètement un coup à la porte de la chambre et Jacques était partagé entre la mélancolie du souvenir et les chatouillements de l'espérance, situation toujours dangereuse à la vertu. Ce fut Apolline qui entra. Jacques eut un éblouissement et conçut les plus audacieux projets. Mais Apolline ne paraissait nullement disposée à la plaisanterie. Un doigt sur la bouche, dans la pose des confidences mystérieuses :

— Monsieur, lui dit-elle, ma maîtresse, qui est seule à la maison, s'est trouvée subitement indisposée. Sachant qu'il y avait un médecin fameux parmi les hôtes français que nous avons l'honneur d'héberger, elle m'a priée de le venir chercher. Serait-ce, par hasard, vous ?

— Mais certainement ! fit Jacques qui ne manquait pas de toupet.

Et il suivit Apolline, en prenant les airs d'importance qui conviennent à la profession qu'il venait subitement d'embrasser. Son guide l'introduisit dans une chambre somptueuse et, sous la lumière très amortie d'une lampe à l'abat-jour baissé, le conduisit vers une chaise longue sur laquelle une femme, tout emmitouflée dans les dentelles de son peignoir, était étendue. Il ne fallut pas grand temps à Jacques pour s'apercevoir que cette nonchalante personne était, tout simplement, admirablement belle et pour s'applaudir de l'audace qu'il avait montrée. Après avoir relevé, d'un geste paresseux de ses mains blanches, la lourde chevelure noire qui lui cachait le front et lui tombait jusque sur les yeux :

— J'ai un singulier service à vous demander, docteur, fit-elle d'une voix lente et harmonieuse comme un soupir de flûte. Je voudrais éclaircir un point qu'il me serait désagréable de soumettre au médecin de mon mari. Je puis compter, n'est-ce pas, avec vous, sur la discrétion professionnelle ?

— Qui l'aurait, si ce n'est moi ? soupira Jacques d'un air convaincu.

— Eh bien, docteur, continua en rougissant l'adorable cliente, je voudrais savoir si je ne suis pas destinée à devenir mère dans un avenir prochain.

— C'est ce que nous allons voir avec plaisir, répondit Jacques imperturbablement et avec redoublement de gravité.

Je ne sais comment il s'y prit, mais, trois minutes après, le faux médecin recevait un soufflet, et la charmante madame Van den Bourik lui criait en le chassant :

— Misérable ! Je le lui dirai !

— J'aurais mieux fait de m'adresser tout bêtement à la bonne, pensa Jacques qui avait un grand fond de philosophie.

Un instant après, Apolline venait lui faire une confidence pareille à celle de sa maîtresse et lui demander la même consultation. Mais les choses finissaient moins tragiquement.

IV

— Eh bien, t'es-tu amusé à ce *Pied de Mouton*?
— Beaucoup ! répondit le docteur. J'y ai fait la connaissance d'une femme charmante, d'un vrai Rubens. Je ne l'ai plus quittée de la soirée, et si je rentre à trois heures du matin, c'est bien par respect pour la maison de notre hôte, car j'aurais volontiers découché.

— Tu as eu raison, conclut Jacques. On ne saurait avoir trop d'égards pour des personnes qui vous reçoivent si bien.

— Bonsoir !
— Bonne nuit !

Le lendemain matin, le factotum de M. le conseiller se présenta avec une certaine solennité.

— Monsieur le docteur Lenflé du Pétard? fit-il.

— C'est moi ! répondit le vrai Lenflé.

— Eh bien, M. le conseiller m'a chargé de dire à monsieur qu'il lui serait obligé de passer dans son cabinet, où il a à l'entretenir.

— J'y vais.

Et quand le factotum fut parti :

— Je vois ce que c'est ! fit-il à Jacques. Rien pour rien dans ce bas monde ! Cet animal-là me loge, mais il va me soutirer une consultation. C'est un sédentaire en sa qualité de magistrat. Il aura lu ma brochure. Pourvu qu'il ne me demande pas de lui poser un œil artificiel !

Mais Jacques n'était pas si tranquille que son ami.

Quand celui-ci revint un quart d'heure après, il avait le visage bouleversé de colère.

— Il sait tout, pensa Jacques, et doit être furieux contre moi.

Mais le docteur Lenflé du Pétard, tout en se promenant avec des gestes exaspérés :

— C'est trop fort ! hurlait-il, et est-il possible qu'un homme soit bête à ce point ! Se fâcher et me traiter ainsi pour une chose de si peu d'importance ! L'impertinent ! me parler sur ce ton pour une vétille !

— Hum ! fit Jacques. Que t'a donc dit ce conseiller ?

— Il m'a abordé, mon cher, avec ces mots : « Monsieur, vous vous êtes conduit hier soir comme un polisson avec une femme digne de tous les respects. » J'ai compris tout de suite qu'il avait vu hier, au théâtre, mes familiarités avec la dame dont je t'ai parlé et qui est probablement sa maîtresse.

— Eh bien, que lui as-tu répondu?

— Ceci tout simplement : « Monsieur, je suis désolé de vous avoir été désagréable, mais je n'ai fait que répondre aux avances qui m'ont été faites. » Vlan !

— Alors ?

— Alors, il a paru démesurément surpris : — « Vous me jurez votre parole d'honneur, monsieur, a-t-il continué, que vous avez été, de la part de cette personne, l'objet d'agaceries non équivoques ? — Je vous en donne ma parole d'honneur, ai-je dit sans hésiter, et je la contraindrai bien à vous le dire elle-même. — Il suffit ! » a-t-il repris et il s'est écrié en se portant les mains au front : « Ah ! les femmes ! »

— Et puis ?

— Et puis il s'est remis en colère :

— « C'est égal, monsieur, on ne se comporte pas comme ça dans une ville où l'on est reçu officiellement et où l'on représente un grand pays. Vous déshonorez la France ! »

Et il est sorti en gesticulant comme un possédé.

« A-t-on jamais vu ! se mettre dans de pareils états pour une simple drôlesse qui m'avait abordé en me demandant un bock ! Oh! mais ça ne se passera pas comme ça ! Il retirera les mots qu'il a dits ou nous verrons ! »

Et le docteur Lenflé du Pétard soufflait comme un phoque agacé dans son baquet par des polissons.

V

Apolline entra. Elle avait l'air tout triste en remettant à Jacques un billet soigneusement cacheté. Celui-ci le parcourut et le tendit à son ami.

« Docteur, était-il écrit, excusez un mouvement de vivacité. Je conçois que vous n'ayez pu résister à de si infernales coquetteries et je vous plains plus que je ne vous blâme ; vous êtes, en vérité, la victime d'une des plus abominables trahisons qui se puissent imaginer, car, sachez-le bien, c'est elle, l'infâme, qui m'a excité contre vous...

— Ah ! la belle volée de coups de canne que je vais lui flanquer ! interrompit Lenflé du Pétard.

« Une prière maintenant, continua l'épitre. Vous m'obligerez en quittant au plus tôt cette maison où j'étais heureux de vous recevoir, mais où vous devez comprendre que votre présence est une gêne pour tous les deux. Agréez, etc.

« VAN DEN BOURIK. »

— Dès qu'il s'excuse, conclut Lenflé du Pétard, je n'ai plus rien à dire. Partons !
— Partons ! dit Jacques. Mais tu avoueras, mon cher, qu'il est peu agréable de voyager avec un monsieur dont l'inconduite vous expose à de pareils désagréments. Si jamais tu me repinces à te suivre aux centenaires des médecins fameux !...
— Le fait est que j'ai manqué de tenue, pensa douloureusement le pauvre Lenflé du Pétard.

CHRONIQUE D'ANTAN

I

Au temps où le roi Louis le onzième, de dévote mémoire, n'ayant, au contraire du galant François Iᵉʳ à Pavie, perdu à Péronne que l'honneur, se faisait le champion de son peuple contre la noblesse, celle-ci n'avait, elle, pour se consoler des royales vexations, que le vin et les ribaudes. Aussi, jamais vie plus joyeuse ne fut menée dans les châteaux que sous son règne, lequel fut le plus merveilleux du monde pour les tonneliers et pour les filles folles de leurs corps, comme on disait en ce temps-là. Ces demoiselles éhontées hantaient dru les demeures seigneuriales et y faisaient grande dépense que les pauvres diables finissaient toujours par payer, ce qui ne les empêchait pas d'être enchantés du gouvernement. Car ceux qui disent que le peuple de France est malaisé à conduire mentent impudemment, et il n'en est pas de plus aisé à duper par de belles paroles, comme nous l'avons vu souvent depuis. A courir ainsi les riches domaines en amoureuse compagnie, Isabeau, dite la Maudorée, pour ce qu'elle avait toujours, par des poudres colorantes et autres engins de coquetterie, si ingénieusement altéré la vraie nuance de ses cheveux, que personne ne la connaissait, avait acquis un bien considérable; car elle était aussi prudente qu'aimable et ressemblait plutôt à la fourmi qui entasse des provisions pour l'hiver qu'à la cigale qui se donne tout entière, et sans souci des mauvais jours, aux printanières chansons. Or si l'hiver n'était pas encore venu pour Isabeau, l'automne, tout au moins, ne gardait à sa beauté que de pâles soleils auxquels les galants ne se venaient plus guère chauffer. Mais elle prenait son parti de leur peu d'empressement, en se disant qu'elle les avait dupés assez longtemps pour avoir le droit de rire de leur indifférence. Et tout en pensant cela, elle prenait un plaisir extrême à compter les sacs pleins d'argent qu'elle avait amassés, et aussi les innombrables bijoux que lui avait prodigués la bêtise de ses contemporains.

II

— Que me manque-t-il pour être heureuse? pensait-elle encore. A force de chercher, elle en vint à s'imaginer que l'honorable préjugé qui s'attache au saint état de mariage pouvait seul lui compléter un destin digne d'envie. Elle n'eut pas plus tôt, d'ailleurs, formulé ce *desideratum* qu'une nuée de godelureaux les mieux apparentés du monde s'abattit autour de sa cassette avec un tonnerre de roucoulements amoureux. Maint seigneur qu'avait ruiné la rapacité royale, et de ceux-là mêmes dont elle avait aussi malmené la fortune, se fût estimé fort heureux de rattraper le tout en se mésalliant. Des fils de maisons princières vinrent faire leur cour. Mais Isabeau se dit qu'elle avait assez tâté de la noblesse et qu'il était temps d'imiter son souverain en donnant des marques de sympathie à la classe roturière d'où elle-même était sortie. Un pauvre archer qu'elle avait rencontré dans ses voyages interdomaniaux, lui parut absolument son fait. Il n'était pas absolument beau, mais il était jeune; il n'était pas précisément instruit comme un duc, mais il avait la gaieté des moineaux francs, au moins dans la causerie. Et c'est ainsi que l'archer Bignolet, qui n'avait pas un sou vaillant, se vit un beau matin, et après une pompeuse cérémonie, le légitime époux d'une « fort belle et honneste damoiselle » ayant gagné (mais non pas, comme le laboureur d'Holbein « à la sueur de son visaige »), de quoi humilier bien des vertus. Car, s'il est vrai que bonne renommée vaut mieux que ceinture dorée, il faut convenir qu'on ne s'en aperçoit guère ici-bas.

III

Aussitôt bénis par le prêtre, les nouveaux époussés résolurent d'aller passer un mois dans ce beau pays de Touraine, lequel demeure, quoi qu'on en puisse dire, le vrai jardin de la France. Mais les chemins de fer n'étaient pas inventés encore et ils durent se contenter d'un carrosse, mal suspendu d'ailleurs, pour effectuer ce long voyage. En y montant, je ne vous cèlerai pas qu'Isabeau redoutait les impatiences juvéniles de Bignolet qui n'avait pas encore touché ses arrhes conjugales. Mais, contre son attente, Bignolet fut le plus raisonnable du monde et se contenta de sommeiller doucement jusqu'à la première ville où ils firent halte. — « Je le savais bien, pensa-t-elle, que, malgré sa modeste origine, c'était un homme bien élevé. Un de ces malotrus de seigneurs que j'ai connus m'eût certainement violée dans ce coche ! » L'auberge où ils descendirent était la meilleure de la cité, mais les lits y étaient fort étroits. — « Qu'on nous en donne deux ! » dit Bignolet et il les choisit dans les deux chambres les plus éloignées de la maison. — « C'est vraiment trop de délicatesse à lui, pensa Isabeau, de ne me point vouloir fatiguer davantage, après une journée d'infernaux cahotements, et c'est pour être plus sûr de maîtriser sa passion que le pauvre enfant s'en va au bout du monde ! Allez donc demander à la noblesse de ces attentions-là ! » Et elle s'endormit enchantée d'avoir mis la main sur un pareil trésor. Cette admirable tenue du jeune archer ne se démentit pas un seul instant durant les quinze haltes qu'ils firent les nuits suivantes et qu'il passa chastement dans la couche la plus lointaine de celle de sa bien-aimée. Bien que toujours enthousiasmée de cette respectueuse décence, Isabeau, dont l'automne était encore traversée de fugitives chaleurs, commençait à souhaiter ardemment d'arriver dans l'élégante maison qu'elle avait fait préparer à Chinon pour les recevoir. Enfin les toits pointus de Chinon apparurent aux yeux des voyageurs, dans un nuage poudreux, au tournant de la route.

IV

Une immense chambre gothique, — un beau lit de bois sculpté si large que six dormeurs de front y seraient à l'aise; une lampe pendue à la poutre transversale richement coloriée et baignant la pièce d'une discrète et voluptueuse lumière; au dehors, visible à travers les vitraux qu'elle argente, la lune étendant une nappe blanche sur le paysage comme pour l'invisible souper des esprits. Isabeau a revêtu sa plus galante toilette, j'entends celle qui lui pèse le moins aux épaules et dont ses bijoux composent la plus grande partie. Elle attend fiévreuse. Elle attend le bien-aimé. Car voilà deux semaines passées qu'elle a droit aux légitimes gaietés du mariage, et n'en a pas encore reçu le plus petit mot pour rire. Je veux bien que monsieur se prépare solennellement à une entrevue aussi solennelle, mais les convenances ont un terme et il est minuit! Isabeau s'impatiente et appelle Guillemette, sa servante fidèle. « Allez dire à mon noble époux qu'il peut venir. » Guillemette revient et avoue à sa maîtresse stupéfaite que le noble époux dormait à poings fermés dans un autre coin de la maison et l'avait très malhonnêtement reçue. — « Par Notre-Dame d'Embrun! (Isabeau savait les jurons à la mode), nous allons bien voir! » Et furieuse, ayant ajouté un bougeoir allumé à son nocturne accoutrement, la Maudorée, précédée de Guillemette, se précipita dans la chambre où Bignolet ronflait cyniquement.

— Que veut dire cela, monsieur mon époux? lui dit-elle les dents serrées par la colère et en le secouant comme un panier de noix.

— Quoi donc, mon amour? répondit onctueusement le jeune archer.

— Seriez-vous donc dans le cas où se mit le pieux Origène pour mieux fuir la tentation?

Bignolet protesta par un immense éclat de rire.

— Seriez-vous atteint, d'aventure, de quelque malhonnête indisposition qui rendit déplaisante votre compagnie?

Bignolet hocha la tête d'un air de satisfaction.

— Eh bien, alors, pourquoi me laissez-vous seule?

— C'est, répondit Bignolet le plus naturellement du monde, que j'ai peur la nuit, des personnes plus âgées que moi.

Et il se retourna pour reprendre son sommeil.

V

Isabeau exaspérée rédigea immédiatement une supplique au saint Père, lequel, dans seize cas récemment énumérés par M. Naquet, avait plein pouvoir pour déclarer nuls et de nul effet les mariages contractés dans les formes en apparence les plus parfaites. Après trois ans de démarches qui lui mangèrent une bonne partie de son avoir, elle obtint un jugement qui confirmait la validité de son hyménée et la déclarait à jamais la légitime épouse de l'honorable Bignolet. Comme elle en exprimait son indignation à son confesseur, celui-ci, qui était un homme de grand sens, lui tint à fort peu près ce langage : « Si le mariage comporte, pour celles qui l'abordent, innocentes et au sortir de la maison paternelle, des surprises qu'il faut plaindre et même conjurer, il n'en est point de même pour les personnes à qui ni les circonstances ni leur vertu n'ont interdit l'essai loyal du mari qu'elles allaient prendre. Quand celles-ci ont fait la sottise d'oublier, à ce point, les ressources de leur expérience et de tirer un si piètre parti d'une longue vie d'observations, ce qu'elles ont de mieux à faire est de se taire et de ne point faire rire à leurs dépens par-dessus le marché, en allant conter leur aventure à Rome, voire à Pontoise seulement. » Ainsi parla à Isabeau son confesseur et j'estime que le conseil qu'il lui donna en ces termes était le meilleur du monde. Mais il s'agit d'une histoire bien vieille, en vérité!

ASTRONOMIE POPULAIRE

I

« Lorsque vous lirez ces lignes, j'aurai cessé de vivre. Ne voulant pas voler à votre souvenir des larmes imméritées, je me résous sur le seuil de la tombe, au plus pénible des aveux. Ne me pleurez pas, Bergace ! Si bon enfant que vous soyez, ne me pleurez pas ! Je vous trompais abominablement. Et avec qui, Seigneur ? Avec votre meilleur ami, avec l'indigne compagnon de votre enfance. D'ailleurs, lui aussi, Papoul, comprend l'horreur de sa conduite et succombe au remords. La résolution que je vous annonce, nous l'avons prise en commun. Elle vous délivrera à la fois d'une épouse adultère et d'un faux camarade. Notre vie, à tous trois, était cependant bien douce; et je me demandais quelquefois comment le crime peut ainsi goûter les sérénités de l'innocence! Vous étiez aveugle, Bergace, autant qu'on le puisse désirer, et nous nous aimions, Papoul et moi, plus qu'on ne le rêvera jamais. O conscience, pourquoi as-tu élevé la voix dans notre délicieux bonheur?... Enfin! notre parti est pris. Papoul et moi, nous mourrons ensemble, et vous, Bergace, vous vous consolerez. Si jamais vous retrouvez nos tristes dépouilles, ne nous séparez pas dans le tombeau. Adieu, le meilleur des maris! Je vous quitte à regret. Mais Papoul me prie de lui laisser un peu de place pour vous envoyer le suprême bonjour.

» Celle qui préfère le trépas à la trahison,

» MICHELINE. »

Au-dessous on lisait, d'une autre écriture, les lignes suivantes :

» Adieu, le meilleur des amis! Maintenant que tu sais, je n'ose pas te dire que je t'embrasse, mais le cœur y est. Pourquoi as-tu été si jobard! Si, au début, tu t'étais aperçu de quelque chose, tu m'aurais mis à la porte et tu n'aurais pas causé la mort de deux personnes incapables d'infamie. Enfin! je ne veux pas te faire de reproche. Ta femme et moi, nous te pardonnons en quittant cette terre.

» Celui qui regrette franchement de t'avoir connu,

» PAPOUL. »

II

Lorsqu'au retour de son bureau, sur le coup de cinq heures du soir, M. Bergace Papillon trouva ce double écrit sur la table où il espérait voir le couvert à moitié mis comme de coutume, il faillit tomber à la renverse. Après l'avoir lu dans le plus parfait hébétement, après s'être frotté vigoureusement les paupières pour bien s'assurer qu'il n'était pas le jouet d'un mauvais rêve, il se mit à parcourir sa maison, comme un fou, en appelant, en hurlant, en se cognant la tête aux murailles. Mais tout ce vacarme n'éveilla aucun écho humain. Alors il sortit en courant et se rendit chez le commissaire. Celui-ci, qu'un ami attendait pour prendre le vermouth, le reçut assez mal. Sa déclaration fut cependant consignée tant bien que mal sur un registre crasseux. Mais Bergace ne s'en tint pas là. Sautant dans un fiacre, il se fit trimballer, durant la nuit entière, partout où un pressentiment fugitif lui montrait les deux coupables et, la gorge pleine de pardons entrecoupés, il gémissait des mots sans suite : « Revenez, malheureux !... j'aime mieux être cocu !... Mon petit Papoul... ma chère Micheline !...

C'est moi qui ai tous les torts!... Je m'en irai si vous voulez, mais ne mourez pas!... » Tandis qu'il se lamentait dans l'ombre, des rôdeurs de barrière assommèrent son cocher et lui volèrent tout ce qu'il possédait lui-même. L'aube aux doigts de corail le trouva sur un tertre de gazon tout endolori de coups et sa cravate déchirée. A peine rentré dans l'enceinte de Paris, il acheta le *Petit Journal* et y lut ces lignes magistralement rédigées : « Hier soir, un double suicide émut douloureusement les tranquilles promeneurs qui prenaient le frais aux abords du pont de l'Alma. Un jeune homme et une jeune femme, qui n'avaient jusque-là éveillé l'attention par aucun acte excentrique, enjambèrent rapidement le parapet et se précipitèrent dans les eaux bouillonnantes du fleuve. Des mariniers coururent aussitôt à leur secours, mais après deux heures d'inutiles recherches, ils renoncèrent à rendre même la dépouille de ces infortunés à l'inquiétude de leur famille. » Le bon Bergace fondit en larmes en parcourant cet entrefilet. Pendant deux mois, il alla tous les jours à la Morgue et entra en correspondance avec les autorités de toutes les villes riveraines depuis Saint-Cloud jusqu'à Rouen. Rien ! Rien ! Rien ! Le gouffre avait positivement refusé de rendre sa double proie.

III

Oh! ce fut dur pour le pauvre bureaucrate! il adorait Micheline, bien que celle-ci le traitât avec un mépris bienveillant, et Papoul lui était nécessaire, quoique Papoul eût toujours l'air ennuyé avec lui. Les premières solitudes furent affreuses; un an s'écoula avant que Bergace eût le courage de chercher une diversion à sa douleur. Il s'y résolut enfin et prit une maîtresse; mais il s'aperçut rapidement qu'on pouvait être trompé, même par une simple concubine, et renonça définitivement à l'amour. Alors il essaya de la politique, et se présenta comme candidat au conseil municipal. Mais l'implacable honnêteté de sa nature fut bientôt révoltée par tous les compromis que comporte aujourd'hui la vie publique. Victime des manœuvres de la dernière heure, il se jura de ne plus descendre dans une lice où les armes ordinaires sont le mensonge, la mauvaise foi, l'indifférence parfaite au bien commun et l'ambition sans scrupule. Il tenta ensuite la pêche à la ligne, mais un gardon ne pouvait pas effleurer son amorce que, dans la transparence verte des flots, il ne crût apercevoir deux cadavres flottants entre deux eaux et pris par les cheveux à son hameçon. La science lui restait et il se rua dans la science. Cette *alma parens*, comme dit M. Bouguereau, le reçut avec bienveillance dans son sein, ce qui évoque une singulière image, mais l'expression est consacrée. Bergace étudia, comme peut le faire un bon bourgeois qui ne peut donner à ce genre de travaux que les loisirs d'une vie d'ailleurs laborieusement occupée. Les œuvres d'Arago, qui ne demandent pas une grande culture antérieure, le charmèrent infiniment et, comme il ne s'en rapportait pas même à ses confrères en science, mais aimait à expérimenter directement, il acheta un tas de lorgnettes coûteuses pour examiner les étoiles pendant les calmes nuits d'été. Il commença même à en écrire et obtint une mention honorable au concours de l'Institut de Pont-à-Mousson. C'est ainsi qu'il ébaucha une petite renommée provinciale, laquelle devait toujours aller en grandissant.

IV

Ses moyens personnels et les gratifications dont l'encourageait son ministère ne lui ayant jamais permis de s'acheter un télescope, il allait d'ordinaire, trois fois par semaine, place de la Concorde, et, moyennant un abonnement consenti par l'astronome en plein vent, qui y montre la lune, il s'en donnait à cœur joie d'approfondir la constitution de ce curieux satellite de la Terre. Bergace, en dépit de sa nouvelle éducation, était demeuré avant tout un homme d'imagination, et il bâtissait un tas de petits romans psychologiques à la Jean Raynaud autour des excentricités visibles de cet astre. Où le vulgaire ne croit apercevoir que des chaînes de volcan, il devinait des villes détruites et des cités en train de renaître. Car il n'admettait pas un seul instant que la lune fût inhabitée. Il en avait vu, en mainte occasion, tressaillir les molécules lumineuses de façon à n'avoir aucun doute sur ses propriétés populeuses. Il avait même, à ce sujet, avec le propriétaire de l'instrument, lequel était un sceptique et un athée, des discussions philosophiques du plus haut intérêt.

Or, un soir qu'une brume naissante peuplait l'atmosphère de rêves et d'indécises clartés, Bergace était en contemplation véhémente, tout comme Panurge, l'œil plongé dans l'immense tube, quand un roquet, qui n'aimait pas vraisemblablement les gens curieux, vint sournoisement lui grignoter un mollet. Le temps de lui allonger un coup de pied formidable en se retournant et de reprendre la pose, Bergace plongeait de nouveau quand une exclamation de surprise s'exhala de sa poitrine. En même temps il se mit à trembler de tout son corps, et de grosses larmes vinrent troubler, de leur scintillement, la clarté de sa vision. Tout à coup, n'y tenant plus, il se dégagea brusquement, jeta tout ce qu'il avait dans ses poches à l'astronome étonné, et rentra chez lui en courant comme un homme dont la raison est enveloppée de fumées.

V

Qu'avait-il donc vu ?... Dans cette lumière diffuse que créait l'état particulier de l'air, il avait nettement aperçu deux figures connues, Micheline et Papoul échangeant des baisers à sa barbe dans l'immensité. Ainsi leurs âmes habitaient la lune, leurs corps y étaient ressuscités et leur amour y revivait, rajeuni par les métamorphoses. Quelle découverte ! Cette lune que les ignorants imaginent déserte, elle a une destination personnelle dans le monde planétaire. Elle reçoit les amoureux et donne asile à l'adultère ! Ce n'est pas un métier honorable, mais on fait ce qu'on peut. C'est vers elle que doivent monter toutes les malédictions posthumes des cocus inconsolés. Mais Bergace n'était pas de ceux-là. Uniquement épris désormais de la science, il était fort indifférent à l'idée que là-haut se poursuivait son déshonneur parmi l'hilarité des sphères célestes. Il prit sa bonne plume et, s'enfermant chez lui, il commença la rédaction d'un mémoire destiné, pour le coup, à l'Institut de Paris, d'un mémoire où il sacrifiait sa propre renommée aux intérêts sacrés de l'astronomie, en disant les choses telles qu'elles étaient et dans leur moindre détail. Ce précieux document était sous presse quand, un beau matin, un article de journal portant cette rubrique : *deux ressuscités*, attira l'attention de Bergace. En substance le voici : « En faisant des recherches après un vol considérable, la police venait de découvrir dans une villa du Bas-Meudon, qu'on croyait inhabitée, deux personnages dont l'identité n'avait été établie qu'à grand'peine. Il était certain cependant aujourd'hui qu'on n'avait pas eu affaire à des malfaiteurs, mais bien à des amoureux. La femme est une dame Micheline P..., qui avait disparu depuis deux ans du toit conjugal, en faisant croire à son suicide. L'homme est un sieur Papoul V..., qui s'était associé à cette comédie et avait arrangé lui-même et envoyé à un journal le récit de leur mort. Ces deux fumistes... » Bergace n'en lut pas davantage. Il sentait sa tête éclater. Et son mémoire!... et sa tranquillité!... Mais comment? Il les avait vus clairement, comme je vous vois, dans la lune! Ah! bien oui! C'était le maudit chien! En le chassant, Bergace avait fait dévier la direction du télescope, sans s'en apercevoir, et l'avait braqué inconsciemment... je vous demande un peu où? Sur la fenêtre de la villa du Bas-Meudon où, profitant de la nuit venue, nos amants, épris de mystère, prenaient le frais, ne se doutant guère que l'un des plus formidables instruments de l'astronomie moderne épiait leurs baisers. Car Bergace avait vu des choses!... Enfin, il a repris sa femme et Papoul est rentré dans la maison.

HISTOIRE DE FLEURS

I

Vous avez raison, marquise. Il s'en va temps que je me réhabilite aux yeux de mes lectrices par quelque aventure bien poétique, par quelque bouquet à Chloris, et que le conteur gaulois fasse place à l'homme du monde. Or, de quoi mieux parler aux dames que de leurs sœurs naturelles, que de leurs rivales en beauté et en parfum, les reines de nos parterres? A moi l'aimable palette où se broient côte à côte la neige des lys, le sang des roses et le cœur d'argent des camélias !

Donc, madame la comtesse Berthe de Fessaride adorait les fleurs, les œillets surtout, et vous ne l'auriez jamais rencontrée dans les larges allées de son parc sans une de ces caryophyllées (ô botanique, j'admirerai toujours tes noms !) piquée dans sa brune chevelure.

Il ne faut pas des gens juger sur l'apparence,

dit un vers justement renommé pour son lyrisme, ni des personnes par leur nom. Mme la comtesse Berthe de Fessaride était l'antiphrase du sien, assez mignonne de corsage, mais assise sur un coussin naturel dont Antiope, elle-même, la femme la mieux rembourrée de l'antiquité, eût été fière. Ce joli morceau de croupe était surmonté, d'une part, par un buste aimable et une physionomie riante éclairée de deux yeux bleus ; posé, de l'autre, sur deux jambes d'un fort noble dessin et deux pieds d'enfant. Je ne sais pas si je me fais bien comprendre. Enfin, M. de Fessaride, son époux, eût pu être un homme parfaitement heureux s'il n'eût pas été, avant tout, un imbécile. Ah ! la buse que ce gentilhomme ! Toujours à la chasse et animé d'une telle fureur guerrière contre les bêtes qu'on aurait pu penser qu'il voulait demeurer la seule de la création. Et, pendant qu'il arpentait ses terres, son fusil sous le bras et ses chiens au derrière, elle rêvait, la comtesse Berthe, dans la mélancolie du paysage, son éternel œillet au chignon, pareille aux madones des livres de légendes,

Dans un flot de velours noyant leurs petits pieds.

Et vous, les gens du monde mes confrères, vous l'auriez certainement aimée pour la convenance parfaite de sa tenue, son aristocratique allure et les grandes façons de son embêtement.

II

Le canon tonnait depuis le matin aux alentours du château. Ne croyez pas, au moins, que je vous reporte aux jours de l'invasion. Non ! J'ai le cœur trop gros encore de ce que j'ai vu pour en pouvoir parler ni écrire. Je voudrais oublier, si la haine de l'envahisseur n'était une piété et un devoir. Non ! vous dis-je. Le canon tonnait parce que c'était le temps des grandes manœuvres d'automne, et, qu'après un combat simulé et ardent, le général Molinchard devait prendre, à cinq heures pour le quart, la ville de Château-Chinon, voisine du castel de Fessaride, et défendue par le général Leloup de la Pétardière. Sous le ciel déjà pâle et dont le fond de topaze était rayé de larges bandes de cuivre, montaient les panaches blancs des mousqueteries, flottants comme des bulles, puis s'évanouissant dans l'air, tandis que des éclairs passaient dans les dentelures noires des futaies. Tout ce vacarme laissait la belle comtesse bien indifférente. Il se tut enfin quand, à cinq heures dix-sept minutes, — avec deux minutes de retard comme vous le voyez, — le général Molinchard fit capituler le général Leloup de la Pétardière. Il y eut même une altercation assez vive entre les deux officiers, une altercation qui prit fin par la constatation publique que la montre du général Molinchard retardait de deux minutes sur celle du général Leloup de la Pétardière, et se termina par un double verre d'absinthe accompagné des toasts les plus amicaux ! Quelques instants après on sonnait à la grand'porte du manoir de Fessaride, et deux jeunes lieutenants poudreux, les bottes tombantes, visiblement harassés des travaux de la journée, faisaient passer leurs cartes à la comtesse, deux cartes sur l'une desquelles on lisait : *Baron Malhuché de Vessendeuil*, et sur l'autre *Thomas*. Ces messieurs, munis d'un bon billet de logement en règle, venaient demander l'hospitalité pour la nuit.

III

Vous m'en voudriez à mort, ce dont le ciel me préserve! si je ne vous faisais faire un bout de connaissance avec ces deux militaires. Comme la longueur des vocables qui le désignent l'indique, le baron Oscar Malhuché de Vessendeuil appartenait à la meilleure noblesse. C'était ce que nous appelons, nous autres hommes du monde, un gentleman accompli. Bien de sa personne, élégant dans ses façons, aristocratique dans ses idées, ce n'était certes pas un aigle, mais ce n'était pas non plus un dindon. C'eût été plutôt un paon ; car il était vaniteux, content de lui, et aimait, comme cet oiseau, à faire parade en société de ses avantages. Vous jugez si les femmes devaient l'aimer ! Elles allaient jusqu'à lui trouver de l'esprit ! Il est vrai que les femmes le placent volontiers dans une partie de notre être qui n'est pas la plus voisine du cerveau. A ce compte-là, il en avait et du meilleur, et beaucoup plus que Rivarol vraisemblablement. Il en éclatait quelquefois. Et Thomas ? Ce benoît Thomas dont nous ne parlons guère ? Eh bien ! Tout l'indique. Le benoît Thomas n'avait pas eu d'aïeux aux croisades, à moins qu'ils n'y eussent été conduits à coups de bâton par les seigneurs. Car enfin, il n'y avait pas que des Montmorency dans ces expéditions glorieuses, et, à côté des gentilshommes qui y contractaient noblement la gale, il se trouvait de pauvres diables qui avaient la bedaine trouée indignement par les flèches des Sarrazins. Seulement ceux-là passaient pour des pas grand'chose. Revenons à Thomas. Comment était-il le compagnon ordinaire du baron Oscar Malhuché de Vessendeuil, malgré son peu de naissance personnelle ? Tout simplement parce qu'ils avaient été camarades à Saint-Cyr, d'où le baron fût sorti certainement fruit sec si son généreux copain n'eût fait régulièrement ses devoirs à sa place. De là une amitié qui était faite surtout, chez Vessendeuil, d'habitude et du sentiment qu'il ne pouvait se passer de Thomas, — chez Thomas d'habitude aussi et du secret désir de se venger un jour de toutes les humiliations sournoises dont Vessendeuil l'avait abreuvé depuis longtemps. On a dit et même écrit que, dans toute amitié, il n'y avait qu'un des amis qui aimât l'autre. J'en ai vu où ni l'un ni l'autre n'aimait son ami et qui ne duraient que grâce à la force d'inertie qui rend les hommes, comme les choses, paresseux à changer leurs conditions d'équilibre.

— Au moins, Thomas, n'avait pas manqué de dire le baron, en agitant la sonnette du castel, comporte-toi ici comme on le doit faire dans une noble maison, et ne me fais pas rougir d'avoir été vu en ta compagnie par des personnes de mon monde.

— Sois donc tranquille, avait répondu Thomas, visiblement impatienté. Et qui eût pu lire dans son âme comme dans un roman de Zola, y eût vu ces mots inscrits en lettres de feu : Ah! mais, tu m'ennuies?

IV

M. le comte ne parut que fort tard dans la soirée. Il avait chassé la grosse bête toute la journée, profitant de la battue inconsciemment faite dans les environs par le développement des grandes manœuvres. Il avait même failli se tuer. Quand il rentra, Oscar de Vessendeuil, redevenu pimpant après un bout de toilette, avait visiblement fait un bout de chemin dans le cœur de Mme de Fessaride. La preuve, c'est que le retour du mari interrompit net le petit entretien que le brillant lieutenant et la noble dame avaient commencé, tout près l'un de l'autre, sur un coin de canapé. Plusieurs fois déjà, pour lui montrer de beaux missels de famille ou des bibelots précieux, la comtesse avait emmené l'heureux militaire, en s'excusant auprès de Thomas de le laisser seul. Celui-ci avait été parfait de tenue et le moins gênant du monde. Bien plus, il devint précieux et utile quand l'époux légitime fut là. N'entraîna-t-il pas cet imbécile de Fessaride dans l'encoignure d'une croisée pour entamer avec lui une discussion interminable sur la supériorité des armes à percussion centrale et le nouveau système du colonel Peterson ! Pendant cet insupportable dialogue, les deux amoureux s'en purent donner, coude contre coude, genou contre genou, le pied sur le pied, savourant le charme de ces invisibles et imparfaites étreintes, quand l'âme tout entière frémit au simple frôlement d'une boucle de cheveu sur la joue ou d'une main gantée effleurant la main. O délices de la flirtation mystérieuse dans un salon plein de monde, dangereux, mais pénétrant plaisir, qui le méprise est un sot ! Quand on se quitta après le souper, un plus clairvoyant que le comte eût certainement saisi le geste par lequel le baron Oscar Malhuché de Vessendeuil glissa un petit billet bien des fois replié entre les jolis doigts roses de la comtesse Berthe.

Le lendemain matin, dès l'aube, le lieutenant avait été faire un tour dans le parc. Puis, avant que leurs hôtes fussent levés, les deux militaires s'étaient mis en route pour rejoindre leur régiment, qui sous les ordres du général Leloup de la Pétardière, devait, à huit heures vingt et une minutes, mettre en fuite l'arrière-garde maladroitement laissée hors des remparts de Château-Chinon par le général Molinchard.

V

— Je suis content de ta tenue, Thomas, dit tout en cheminant le baron Oscar Malhuché de Vessendeuil à son compagnon. Tu t'es comporté comme un homme mieux élevé que toi. Je suis aise de voir l'honneur que te fait ma compagnie, et que tu t'efforces de t'en montrer digne.

— En effet, dit Thomas. Mais j'ai tout de même été bien ennuyé cette nuit.

— Que t'est-il donc arrivé ?

— Une effroyable colique.

— Eh bien! tu as trouvé, je suppose, l'endroit où se guérit cette maladie?

— Justement non. Et, après d'inutiles recherches j'ai dû recourir à l'urne de porcelaine qu'une main prévoyante avait mise à ma portée.

— Ah! mon Dieu! Mais, au moins, tu as fait disparaître ensuite les traces fâcheuses de ton incommodité.

— Hélas! non.

— Malheureux! Animal! Bélître! hurla le baron fou de colère. Mais tu ne sais donc pas pour quel malotru tu vas passer!

— Pour ça, non! répliqua Thomas avec un méchant sourire; car j'ai porté le tout dans ta chambre.

Le baron pâlit et faillit se trouver mal, suffoqué par un tel désespoir que la force lui manquait pour accabler d'injures son indigne compagnon et lui sauter à la gorge. Pour comprendre son état affreux il faut que vous sachiez le contenu du billet qu'il avait glissé, la veille au soir, aux mains de la belle comtesse. Le voici :

— « Madame, c'est un désespoir pour moi de vous quitter sans vous laisser même un souvenir! Entrez de grâce dans ma chambre demain matin et promettez-moi de porter toute la journée dans votre adorable chevelure, après l'avoir longuement respiré, ce que vous y trouverez. »

Et, avant l'aurore il avait été cueillir, dans le parterre, un magnifique œillet rouge qu'il avait déposé sur sa cheminée.

Cet œillet rouge, il venait, par un surcroît d'infortune, de l'apercevoir au képi de cet abominable Thomas.

Ici finit mon histoire de fleurs spécialement dédiée aux dames sentimentales et aux hommes du monde dont je fais dorénavant partie.

FATALITÉ

I

— Eh bien, moi, dit le général baron Legras-Dufessier en posant sa pipe sur la cheminée, je trouve si parfaitement ridicule qu'on hésite à nommer lieutenant-colonel ce brave commandant Laripète, que je donne une soirée uniquement pour le présenter au général inspecteur Bonvent des Fayots. Que diable, on ne brise pas la carrière d'un homme parce qu'il a certaine liberté de langage et est, à l'ordinaire, d'humeur rabelaisienne! Un héros, ce Laripète, sur les champs de bataille! Et, d'ailleurs, pas si mal élevé qu'on veut bien le dire!

Je lui ai recommandé de se bien tenir, et vous verrez qu'il fera honneur à ma prescription. Après dîner, au lieu de fumer et de boire des alcools dans la serre, ce qui induit toujours en propos inconvenants, nous resterons avec les dames et nous jouerons aux jeux innocents. La présence du beau sexe maintiendra notre homme dans les limites du bon goût. N'est-ce pas votre avis, colonel ?

— Moi, répondit le colonel Toupet de Masson, en secouant du bout de son petit doigt la cendre blanche de son cigare, je n'ai plus d'opinion à ce sujet. J'estime autant que vous la valeur du commandant Laripète et le plains sincèrement d'être aussi prodigieusement cocu ; mais je n'ai qu'une confiance médiocre dans sa tenue dans le monde, et je trouve qu'un officier supérieur compromet l'armée tout entière par un propos incongru ou un simple manquement aux règles de la civilité puérile et honnête. Néanmoins, général, j'accepte l'épreuve pour lui, et, s'il en sort triomphant, je serai le premier à insister pour qu'il soit porté sur le tableau d'avancement à la première promotion.

— Je ne vous en demande pas davantage, colonel — et maintenant je vais rendre au préfet sa visite — une vraie carrière qui nous est ouverte là. Depuis six mois, c'est le cinquième auquel je restitue sa politesse. Je ne comprends pas que le gouvernement en ait plusieurs. Un seul suffirait, à la condition de voyager assez pour représenter successivement dans chaque ville, le préfet qui s'en va et celui qui arrive, dans la ville suivante. C'est du gaspillage d'opérer autrement.

— Toujours frondeur, ce sacré Legras-Dufessier !

— Toujours optimiste, ce damné Toupet de Masson !

II

Donc, le soir même, il y avait grand dîner et causerie avec rafraîchissements à l'hôtel du général. Nous reprenons, s'il vous plaît, l'aventure au moment où tout le monde sortait de table.

— Eh bien, mon général, disait à l'inspecteur l'excellent baron Legras-Dufessier, comment avez-vous trouvé notre commandant, mon protégé ?

— Très homme du monde, baron, répondait M. Bonvent des Fayots, et pas plus que vous, je ne comprends ce qui a pu arrêter la carrière d'un officier aussi distingué. Ses infortunes conjugales ne suffisent pas à expliquer cette anomalie. Vous savez que Napoléon lui-même était trompé ferme par sa légitime. Ça ne l'a pas empêché de bouleverser l'Europe avec autant d'entrain que s'il eût été célibataire, ou époux d'une femme fidèle. Ces choses-là ne regardent personne, et je vous fiche mon billet que votre Laripète passera lieutenant-colonel avant six mois, s'il continue de se comporter d'aussi belle façon. Je vais le voir aux prises avec le sexe et je suis impitoyable en cette matière. Le moindre mot douteux devant une femme et un homme est jugé pour moi !

— Soyez tranquille, mon général, je vous réponds de sa parfaite convenance et même de sa galanterie.

— Nous allons voir ça, conclut le sceptique colonel Toupet de Masson.

III

— Voici le jeu que je propose, dit Mme la générale baronne Legras-Dufessier. Une personne tirée au sort quittera le salon, et celles qui y resteront choisiront un nom propre, un nom de femme, de préférence, qu'on lui fera deviner en le composant par syllabes et en lui demandant ce qu'il fait des objets qu'elles représentent. Ce délassement ingénieux était en grand honneur au couvent des Oiseaux quand j'y achevai mes études.

— Adopté ! dit le général Bonvent des Fayots qui

tenait, comme on dit assez improprement, le « dé de la conversation. »

On agita les noms dans un chapeau et ce fut précisément Mme la générale Bonvent des Fayots dont le nom sortit ; une petite femme extraordinairement prude et dévote, toujours prête à rougir et dont son mari faisait bruyamment respecter la ridicule ingénuité, ne souffrant pas, devant elle, même les plus innocentes plaisanteries.

Elle passa de bonne grâce, dans le petit salon voisin, et le mot à choisir fut l'objet de bourdonnements sans nombre et de chuchotements indéfinis.

On tomba d'accord, ou à peu près, sur le nom de Corysandre.

Il semblait donc adopté de tous quand le commandant Laripète fut, un instant, appelé au dehors par un détail de service, la répression d'un acte d'ivrognerie, je crois. Or, notre ami ne badinait pas avec le service.

IV

— Impossible à trouver ce nom de Corysandre ! observa le colonel Toupet de Masson. Les femmes ne sont pas tenues de connaître la mythologie.

Prenons donc tout simplement une sainte du calendrier, passez-moi l'almanach, baron.

— Voici, répondit en obéissant le général Legras-Dufessier.

— J'ai trouvé ! *Cunégonde !*

— Va pour Cunégonde ! C'est d'une agréable prononciation.

L'unanimité se fit sur le choix, l'unanimité moins une voix, puisque Laripète était absent.

Mais il revint bien vite, — juste au moment où Mme Bonvent des Fayots était délivrée de sa captivité.

Seulement personne ne songea à avertir le pauvre commandant de la mutation qui avait été faite dans le choix du mot et, par un hasard vraiment malheureux, le général inspecteur ne s'était même pas aperçu de sa disparition momentanée.

Or ce fut à lui, Laripète, que madame la générale inspectrice alla tout droit.

— Que fait votre premier, monsieur ? lui demanda-t-elle gracieusement.

— Madame, répondit Laripète, mon premier fait un vacarme d'enfer pendant les nuits d'été.

— Malpropre ! s'écria le général inspecteur Bonvent des Fayots en se levant rouge comme une tomate.

Et d'une voix sévère il ajouta :

— Un mois d'arrêt pour avoir manqué de respect à une femme.

En vain le colonel Toupet de Masson et le général

Legras-Dufessier, qui s'étaient rendu compte de l'erreur involontaire du commandant, voulurent lui faire entendre raison, M. Bonvent des Fayots était un homme inflexible, n'écoutant rien de ce qu'on lui pouvait dire.

Et voilà comment, par une véritable fatalité, notre doux ami Laripète fut retraité simple chef de de bataillon.

PETITE CORRESPONDANCE

I

Je venais d'être refusé à mon second examen de droit; j'avais eu l'imprudence d'insinuer devant M. Pellat, doyen de la Faculté, qu'il vaudrait peut-être mieux éclaircir la rédaction des articles du Code reconnus obscurs que de discuter pendant trois ans sur les différents sens qu'ils comportent. J'avais même aventuré l'idée que le Code devrait être un manuel, une façon de dictionnaire, dans lequel chaque citoyen pourrait lire la loi. Cette audace m'avait valu une nuée de boules noires. Mais c'était à une époque très antilibérale, et aujourd'hui mes boules n'auraient peut-être été que rouges.

Enfin, j'avais été fort proprement mis à la porte, et, pour m'en consoler, je prenais l'express de Toulouse... Pourquoi de Toulouse? Parce que j'ai toujours adoré cette ville catholiquement païenne et gauloisement romaine, avec ses maisons de briques déchiquetant le ciel bleu de sa Garonne qui roule des mensonges parmi ses cailloux, avec ses pêches dont la peau a le duvet ambré de celle des jeunes filles, et ses jeunes filles dont le parler a la saveur sauvage de ses pêches. J'avais pris l'express, dis-je, et j'y avais pour uniques voisins de compartiment une blonde Anglaise et son mylord d'époux.

Je n'ai jamais beaucoup goûté la beauté des Anglaises. Leur fraîcheur est faite de jus de bifteck et non de suc de fleurs. L'or de leurs cheveux est pâli par des alliages, et leurs yeux sont peints du même bleu que ceux des poupées. Rarement d'ailleurs leur corsage paraît bien meublé, et elles s'asseyent sur quelque chose d'idéal qui ne rappelle en rien les robustes attraits de la Vénus Callipyge. Mais je fais là le procès de l'espèce, du genre tout entier. L'échantillon que j'avais sous les yeux était absolument charmant. Un fleuve de lait sous un brouillard de gaze pouvait seul donner l'idée de l'éclat de son teint, fait de scintillements discrets comme ceux de la neige au soleil. Ses dents avaient entre ses lèvres roses des miroitements de nacre. Ses mains étaient un peu longues, mais d'un dessin très noble et d'une chair transparente délicieusement veinée d'azur. Son mari avait l'air qu'ont tous les hommes dont on trouve la femme jolie : l'air d'un butor. Son complet moucheté de mille nuances était d'un ton exécrable et d'un goût odieux ; il portait des favoris jaunes, et sa mâchoire eût fait peur à un requin.

N'ayant appris l'anglais que dans la traduction de Shakespeare par François-Victor Hugo, je ne compris pas un traître mot de leur conversation. Le nom d'*Ussat* répété souvent était le seul qui frappât mon oreille avec un sens quelconque. *Ussat* est une station balnéaire cachée au fond de l'Ariège, pas très lointaine de Toulouse, par conséquent. Je n'avais pas contemplé cette jolie créature depuis un quart d'heure que j'étais résolu à la suivre jusqu'à *Ussat* même. Là seulement j'oublierais, à regarder son image dans l'eau claire des torrents, la face ridée comme une vieille pomme cuite de M. Pellat, doyen de la Faculté.

II

Rien n'autorisait, d'ailleurs, je dois à ma modestie de l'avouer, cette poursuite. J'avais essayé plusieurs fois de me rapprocher de ma belle voisine. Chaque fois elle s'était reculée, non pas avec un grand air de pudeur blessée, mais avec l'indifférence égoïste d'une personne qui aime ses aises et la liberté de ses mouvements. Son mari avait consciencieusement ronflé pendant ce petit manège, et c'est un accompagnement fâcheux à des projets d'amour que cette musique nasale. Le nez est l'orgue du pauvre, mais les gens délicats préfèrent ceux de Cavalier-Coll. Nous étions donc arrivés à destination sans que mes besoins de sympathie eussent trouvé à s'accrocher. Mais un homme qui rêve de modifier le Code Napoléon ne s'arrête pas à de si minces obstacles. J'étais devenu amoureux fou pendant ce temps-là, voilà tout, et, ma foi, j'aurais pu plus mal l'employer. Ma future maîtresse (c'est ainsi que je jugeais la chose) avait beaucoup bu et beaucoup mangé à chaque buffet. Or, c'est un charmant spectacle que l'appétit d'une belle personne, et mon amour y avait trouvé mille aliments nouveaux.

C'est un petit coin de la France très particulier qu'*Ussat*, perdu dans les montagnes qui descendent de Tarascon pour remonter jusqu'à Ax, prodigieusement agreste et ayant ses crétins comme le Valais lui-même. L'Ariège roule au travers ces eaux claires et profondes où l'œil exercé des pêcheurs aperçois sur les pierres du fond les truites endormies. Peu de verdure, mais des gouffres béants de-ci de-là, ouvrant dans le roc de larges déchirures; un coin de nature inculte sous un ciel d'un bleu sombre et profond. Les ronces y poussent à merveille, mais les casinos y meurent à souhait. C'est une station de baigneurs sérieux et mélancoliques, où les petites auberges ont quelque chose de paternel.

Telle était surtout celle de Mme Nicolas, ayant trois moineaux pour enseigne, et pour unique servante Pauline, une superbe fille aux développements sculpturaux, qui aurait été Vénus si elle n'eût été Maritorne, et qui parut faire sur mon compagnon l'Anglais un effet d'abrutissement. Car c'est là, bien entendu, que j'avais suivi la belle voyageuse et son odieux époux. A peine arrivé, celui-ci tira de sa poche son dictionnaire, et je le vis qui s'escrimait à rendre en français une pensée qu'il ne communiquait à personne.

Moi, je n'avais d'yeux que pour sa femme, et je me moquais de Pauline comme d'une guigne, en quoi j'avais tort, parce qu'il faut toujours se garder un merle pour la fuite des grives.

III

J'avais une chambre voisine de celle du couple dont les deux éléments m'avaient si différemment impressionné. Ce voisinage m'avait d'abord paru redoutable, mais je dois dire que rien ne justifia mes délicates terreurs. Monsieur se remit à ronfler et moi je me remis à penser à madame. Bientôt, cela ne me suffit plus ; je pris une plume et, d'une main fiévreuse, je rédigeai un placet amoureux auquel Lucrèce elle-même n'eût pas résisté. Puis je me jetai sur mon lit et j'attendis péniblement l'aube, en me demandant comment je ferais parvenir ma lettre à son adresse.

Il faisait jour depuis deux heures quand j'entendis l'Anglais sortir, et je jugeais que le moment était peut-être opportun pour glisser mon épître sous la fente de la porte. Cela était bien imprudent ; aussi me rangeai-je bientôt à une autre idée. Les deux bottines de madame étaient là devant l'huis, deux bottines fines, souples et luisantes, coquettement dressées sur des talons pointus et que j'aurais voulu couvrir de baisers si je n'eusse craint d'être surpris dans cette extase ridicule. — Ne m'arrêtez pas, en m'objectant que les pieds des Anglaises sont généralement longs et disgracieux. — Je vous ai dit que c'était une exception. — Et puis, je n'ai pas le préjugé des petits pieds et en cela j'ai la gloire d'être de l'avis de Praxitèle et de tous les sculpteurs grecs de la grande époque. La beauté du pied ne réside nullement dans son exiguïté, excepté chez les peuples à demi barbares comme les Chinois, mais bien dans la beauté des lignes, dans l'enlevé de la cambrure, dans la hauteur des chevilles qui donne au pied sa noblesse. Quand il vous plaira de faire un tour au Louvre, vous en serez convaincu comme moi. J'ajouterai que les deux tiers des Parisiennes s'abîment absolument les pieds en les emprisonnant dans de trop étroites chaussures. C'est un manque complet d'égards pour les personnes devant qui elles se déshabillent, les seules dont le suffrage devrait vraiment les intéresser.

Mais passons. J'ai dit qu'une idée m'était venue et je la mis immédiatement à exécution. Je glissai ma déclaration dans la bottine droite de la belle inconnue, bien au fond, mais à plat, pour qu'elle fût forcée de la voir en essayant de se chausser. Puis, en rentrant rapidement dans ma chambre, je m'aperçus que j'avais oublié de mettre moi-même mes souliers derrière la porte ; je réparai cette omission, puis j'attendis jusqu'à l'heure du déjeuner, n'ayant entendu qu'une chose, c'est que la porte de ma voisine s'était ouverte et refermée.

IV

« Puissances de la terre ! j'avais une âme pour la douleur ! J'en ai donc une aussi pour la joie ! » — Cette exclamation est de Jean-Jacques. Mais je l'adopte pour exprimer ma surprise et mon bon-

La cloche venait de retentir ; je repris mes chaussures derrière la porte. Ah ! je ne les regardai pas !

Un papier, un tout petit papier venait de tomber d'un de mes souliers. Je me précipitai dessus, je le déliai et je lus : « *Ce soir, dessous les platanes, dixième heure.* » Ma bien-aimée m'avait répondu par la même voie ! Désormais nos correspondances étaient assurées... et, dès le soir-même ! Ô trop heureux Armand ! je me chaussai à la hâte ; je me sentais si léger, si fou de joie, qu'il me sembla que mes escarpins ne me tenaient pas aux pieds ! Car ce petit mot était certainement d'elle. Sa rédaction même, dans un mauvais français, m'était un sûr garant de son origine. A table je fus d'une discrétion exemplaire. Il ne faut pas afficher ses bonnes fortunes. Quelques regards modestes glissés à la dérobée et auxquels elle ne répondit même pas. Les femmes sont si dissimulées ! Son mari descendit sur le perron jouer une fanfare de chasse : l'Hallali du cerf.

« Allons, pensai-je, c'est complet ! »

Jamais journée ne fut plus mortellement longue. Tout en égrenant, dans la solitude, le rosaire de mes joies futures, j'aurais voulu donner des ailes neuves au Temps. Enfin, l'heure vint et, par une clémence de la nature dont je ne me suis pas enorgueilli, une nuit particulièrement sombre descendit de la montagne, enveloppant de mystère l'allée de platanes où m'attendait le bonheur !

V

Dix heures venaient de sonner — j'avais compté les coups à deux horloges, de peur de me tromper.

Une ombre se dessina à quelques pas de moi dans l'obscurité épaissie par les feuillages, — une ombre qui boitait légèrement et semblait marcher sur des bouteilles comme feu Auriol. Mon cœur battait furieusement. L'ombre prit une figure, grand Dieu ! Ce n'était pas l'Anglaise que j'avais devant moi, mais son mari. Elle m'avait trahi ! Elle lui avait remis ma lettre ! elle l'avait envoyé à sa place à mon rendez-vous ! Mais elle ne me connaissait pas ! Je n'étais pas un homme à plier sous la tempête. Je tiendrais tête à ce jaloux, et, s'il osait m'attaquer, j'étais résolu de le tuer comme un chien. Je savais mal mon droit, c'est vrai, mais je connaissais cependant les privilèges de la légitime défense.

Contre mon attente, quand il m'eut reconnu, il haussa les épaules et me tourna le dos avec un air de mauvaise humeur, puis il se mit à se promener de long en large sous les platanes, en gémissant comme un homme que ses cors font souffrir. J'étais décidé à ne pas lui céder le terrain et à ne pas déserter le champ de bataille. Moi aussi je me mis à me promener de long en large, de façon à le croiser à chaque tour, et la lune qui perça subitement la feuillée put voir ces deux sentinelles étranges montant la garde à deux pas de l'hôtel des Trois-Moineaux.

Tout à coup mon homme perdit patience et, m'abordant brusquement :

— Savò vò, me dit-il, que vò m'embêtez?

Et comme j'allais protester :

— C'est moâ qui le premier ai donné rendez-vò à Pauline ici.

Je ne comprenais plus.

Puis me toisant des pieds à la tête :

— Misérable! s'écria-t-il, c'est vò qui m'avez volai mes sôliers !

Un trait de lumière traversa mon esprit. Je me regardai. En effet, j'avais sur moi les boîtes à violon de ce bélître, et lui était à la torture dans mes escarpins. Le billet que j'avais pris pour une réponse au mien était un rendez-vous qu'il donnait à la bonne, que celle-ci n'avait pas vu, et qu'une erreur de classement des souliers devant les portes avait fait échouer devant la mienne. Ma situation était trop grotesque ; je n'en pouvais sortir que par un éclat.

— Gredin ! m'écriai-je en lui sautant à la gorge, c'est vous qui m'avez volé les miens !

Mon homme était très fort à la boxe ; je reçus une superbe volée et je fus cité le lendemain devant le juge de paix de Tarascon, pour avoir à restituer les chaussures que je m'étais indûment appropriées.

O mon amour, qu'êtes-vous devenu dans tout cela ?

LE MADGYAR ET LE TAILLEUR

Au peintre Léon Fauré.

I

Ce n'est pas seulement de ce côté-ci des Alpes que M. Dimanche est quelquefois berné par les fils de famille. Peut-être même n'est-ce plus que de l'autre côté. Car il me semble que nous avons contracté des mœurs tout à fait impertinentes pour le souvenir de nos aïeux, les joyeux « débiteurs et emprunteurs » comme les nommait mon maître Rabelais. Non pas que la malhonnêteté ait cessé de fleurir dans notre glorieux pays, mais ce n'est plus guère au détriment des marchands de culottes et autres menus fournisseurs qu'elle s'exerce. Voler le fretin est vraiment une affaire de petites gens et nous faisons plus grand que cela. Parlez-moi des immenses entreprises où l'on ruine un cent de familles entre ses deux repas. Voilà qui est autrement louable que de faire courir un pauvre commerçant après son argent. Le doux Panurge a fait place à Mercadet. Moi, je regrette le doux Panurge. Mais il paraît qu'il n'en est pas encore ainsi sur toute la surface du globe, et qu'en Hongrie, par exemple, il est encore de bon ton de solder le plus longtemps possible ses comptes en belle monnaie de singe. Ainsi faisait le prince Ladislas Capador, un des plus nobles hommes de Pesth et des plus élégants, et qui, au commencement de l'hiver qui finit, devait à son tailleur, le juif Mathias Truc, quatre ou cinq années pleines de coûteuses fournitures, ce qui n'est pas un mérite infime, car tout le monde sait que les fils d'Israël n'aiment pas à voir courir leurs écus sur le dos et les jambes de leurs contemporains, mais préfèrent de beaucoup les tenir dans leurs escarcelles, ou les prêter à beau revenu usuraire. Aussi le juif Mathias Truc, en se rendant, fin novembre, chez son aristocratique client, avait-il juré tout bas de n'en sortir qu'avec un solide acompte en espèces, plus un chapelet de « pons bedits pillets. » Mais qui dira la vanité de nos rêves ! »

II

— Vous tombez bien, mon bon Mathias, car j'allais vous mander incontinent, dit le joyeux Ladislas à son visiteur.

— Mon prince me flatte, répondit celui-ci, et n'est pas incontinent qui veut, à mon âge, ajouta Mathias. Je suis ravi, d'ailleurs, que Votre Altesse ait eu la même pensée que moi. Je n'aurais jamais osé lui apporter sa note, et c'est par le plus grand des hasards que je l'ai dans ma poche. Nonobstant, la voici :

Et Mathias tira de son portefeuille graisseux un mémoire sur lequel Ladislas ne daigna pas même jeter les yeux.

— Il s'agit bien vraiment de ces vétilles, dit le grand seigneur.

— Si, cependant mon prince...

— Je vous répète, Mathias, que vous êtes à cent lieues du sujet que nous avons à traiter ensemble. Rentrez donc votre papier à cigarettes. Je ne fume pas à jeun. D'ailleurs, ma future ne peut pas sentir l'odeur du tabac.

— Mon prince se marie ?

— Vraisemblablement et si cela ne vous fâche pas. Connaissez-vous la comtesse Keskipruth ?

— La plus riche héritière de la Hongrie !

— Une centaine de millions en effet et des espérances. Veuve, mais jeune encore et le cœur inflammable. Mon affaire est en bon chemin. Mais la comtesse est fantasque ; je suis obligé, pour lui plaire, de lui chercher de continuels amusements. Elle donne samedi une redoute à laquelle toute la noblesse du pays est invitée. Ce sera une fête vraiment royale et j'ai eu une idée que je crois originale et bien faite pour frapper, en ma faveur, le coup décisif. C'est pour l'exécuter que j'ai besoin de toi.

— Je suis au service de Votre Altesse.

— Je voudrais que tu me rédigeasses, à cette occasion, deux costumes, l'un de montreur d'ours Bohémien et l'autre d'ours. Comprends-tu ?

— A merveille ! Mais ce sera un vrai tour de force de vous livrer cela en trois jours, et j'espère bien que, lorsque je vous l'apporterai samedi, vous me ferez une petite avance sur mon arriéré ?

— C'est la moindre des choses, conclut Ladislas en congédiant, d'un geste plein de noblesse, son crédule créancier.

— Cent millions, murmurait Mathias en se retirant. Je ne suis pas fâché, au fond, d'avoir repris mon mémoire. Je le corserai en conséquence.

Et il se frottait les mains, tout en retrouvant ses jambes de vingt ans pour descendre l'escalier.

III

— Voici, mon prince ! Êtes-vous content ?
— Pas mal, en effet, Mathias. La peau de l'ours est-elle solide et bien cousue ? Il ne faudrait pas qu'il en sortît quelque indécence devant une pareille assemblée.
— Un vrai sac, mon prince, une prison de fourrure et dont l'homme le plus vigoureux ne saurait sortir tout seul.
— A la bonne heure ?
— Alors je vais toucher ma petite avance ?
— J'ai mieux à t'offrir que de l'argent.
— De l'or ? En effet, je le préfère.
— Mieux que tout cela ! te dis-je. As-tu jamais vu une redoute dans le grand monde ?
— Votre Altesse sait bien que je n'y serais pas reçu.
— Eh bien ! moi, je veux que tu connaisses cet admirable spectacle.
— Mon prince plaisante.
— Pas le moins du monde. N'as-tu pas remarqué que je te traitais, depuis quelque temps déjà, bien moins comme mon tailleur que comme mon ami ?

— En effet, il y a fort longtemps que Votre Altesse ne m'a rappelé ma profession.

— Or, je ne rougis pas de mes amis, moi ! D'ailleurs, sous cette peau d'ours, personne ne pourra te reconnaître. On verra seulement que tu es en ma compagnie et cela suffira à te faire considérer de tous. Je ne te défendrai pas, quand la glace sera rompue, de faire l'éloge de ta maison à tous mes nobles compagnons. Une clientèle superbe que je te mets là dans la main ! Une vraie fortune ! Tu t'y prendras finement en disant, par exemple, aux gens : — Cher comte, où avez-vous acheté cet habit à la française ? Vous êtes mis comme un cocher de fiacre ! ou bien : — Marquis, renoncez donc franchement à la *Belle Jardinière* et laissez-moi faire vos pantalons. Je ne te donne pas deux heures pour être à tu et à toi avec ce que Pesth contient de plus gommeux et pour emporter des commandes de quoi occuper le reste de tes jours.

Cette perspective faisait baver de joie le pauvre Mathias. Voir une redoute et faire des affaires en même temps ! S'enrichir en s'amusant ! Le tailleur leva vers le Madygar un regard mouillé de larmes de reconnaissance.

— Habillons-nous ! dit le prince, en répondant, avec beaucoup de bienveillance à cette silencieuse effusion.

Deux heures après, Mathias était entré dans la peau de l'ours où de robustes mains l'avaient consciencieusement bouclé, et le joyeux Ladislas, en

Bohémien, armé d'un fouet, avec des bottes énormes, lui mettait au cou un beau collier d'argent avec une chaîne.

— Le coup de l'étrier !

Un domestique apporta deux verres sur un plateau.

— A la santé, maître Mathias.

— Quoi, Votre Altesse me ferait l'honneur de trinquer avec moi !

— Certainement.

Le prince se contenta de choquer son verre contre celui du tailleur. Mais Mathias vida consciencieusement le sien jusqu'à la dernière goutte.

IV

Une merveille cette redoute ! D'abord, la comtesse Keskipruth était une admirable personne qui emplissait les salons du seul rayonnement de sa beauté. Quand les Hongroises se mêlent d'être belles, elles ne font pas les choses à demi. J'en ai connu qui étaient un véritable éblouissement, un poème de chair, l'immédiate damnation. Telle était la future du prince Ladislas, bien que les choses fussent moins avancées que ne l'avait dit celui-ci. Autour d'elle un cénacle de femmes dont la moindre eût mérité qu'on brûlât Ilion pour elle et qu'on décapitât une douzaine de Saint Jean-Baptiste. Un bourdonnement de ruche humaine sur ce bouquet, tous les compliments bavards d'un monde de désœuvrés vêtus le plus galamment du monde. Ajoutez à cette scène un décor vraiment somptueux, le luxe que comporte une fortune sans égale. Le dernier des domestiques qui circulaient, enrégimentés par un majordome stratégiste, était plus galonné que dix maréchaux de France.

Tout en étouffant sous sa peau d'ours, le juif Mathias était dans un indescriptible enchantement. Son entrée au bout de la chaîne de fer que tenait, par l'autre bout, le prince Ladislas, avait été le grand succès de la soirée. Le prince, qui avait le genre d'esprit dénommé « bagout » dans les sociétés où Rivarol eût passé pour une bête, fit un boniment de saltimbanque qui fut jugé fort comique. La comtesse Keskipruth en devint, sur le coup, sérieusement amoureuse. Tout à coup, les premières mesures d'une redowa ayant résonné, le prince s'élança vers la comtesse ; mais ce ne fut pas sans avoir au préalable solidement enchaîné son ours après une des massives colonnes qui soutenaient le plafond de la grande salle, précaution qui redoubla l'hilarité de l'assistance. Alors commença pour Mathias une série d'épreuves nouvelles, tous les gens qui ne dansaient pas venaient le taquiner, le caresser, lui débiter mille sottises, le tirer doucement par les oreilles. Soudain, le faux ours se mit à se tordre dans d'épouvantables convulsions, secouant désespérément sa chaîne et tirant sur ses liens, sans les pouvoir rompre pour se rouler à terre comme font les gens qui souffrent du ventre. En même temps, le cercle qui l'entourait s'élargit subitement et tous ceux qui le formaient de s'enfuir en se bouchant le nez avec des grimaces de la plus vive indignation.

Le petit verre que l'infâme Ladislas avait offert à son créancier, au moment du départ, était un purgatif foudroyant.

Bah ! Il faut bien rire !

LE VOTE DE M. VAN DEN TRUFF

I

Un petit gros homme M. Van den Truff, avec de larges favoris en nageoires ouvertes, un ventre proéminent, deux jambes grêles et un air d'importance qui donnait, à première vue, envie de le gifler. Le maladroit qui l'eût piqué avec une épingle en eût fait sortir plus de billevesées que de choses sublimes, et il était plutôt comparable à une outre gonflée de vent qu'à une amphore pleine de vin généreux. C'était néanmoins un pédant bourré de science tudesque; aussi était-il, dans sa petite ville, l'agent le plus actif des ambitions germaniques de l'autre côté de la Meuse. Il ne jurait que par l'Allemagne et la destruction des races latines qui, à son avis, avaient fait leur temps, par la nécessité d'un empire solide représentant l'œuvre de Charlemagne et par la prussification de toute l'Europe occidentale. Son cabinet de travail était tapissé de cartes où ces belles idées étaient graphiquement développés avec des encres de toutes les couleurs. Il ne laissait à la France que les provinces basques et lui annexait, par système de compensation, le val d'Andorre. Il faisait beau l'entendre discourir dans les brasseries sur ces nouveautés géographico-politiques, dans une langue pâteuse, amphigourique, enflée d'Hégel et suffisant à expliquer son horreur pour la patrie de Diderot, de Montaigne et de Rabelais.

Tout cela ne l'empêchait pas, d'ailleurs, d'être formidablement cocu.

II

C'est que Mme Van den Truff (entre gens de son entourage intime, Héloïse) était infiniment plus aimable que lui. C'était une de ces filles du Nord que l'invasion espagnole a transformées. Car si le duc d'Albe persécuta quelque peu les Flandres, il rendit un immense service aux fidèles amis de la beauté féminine. En effet, du croisement des races sortit un des plus beaux types de femmes que j'aie vus. On commence à le rencontrer aux Ardennes. Imaginez de splendides créatures ayant les charmes opulents des filles de Rubens avec des teints admirablement pâles, des yeux noirs et une chevelure sombre comme la Nuit. D'autres sont simplement d'un roux vénitien foncé tout à fait somptueux de ton. Ma parole, camarades, ça vaut le voyage, comme celui de Provence pour y trouver, à Agde, des Grecques contemporaines de Phidias. Je reviens à cet excellent duc d'Albe, si méchamment calomnié par M. Sardou, et à Héloïse Van den Truff, la légitime épouse du petit gros homme avec de larges favoris en nageoires ouvertes. Cette « honnête » dame avait, comme je l'ai fait pressentir plus haut, un amant. Celui-ci était le joli conseiller Moulaër, un doux philosophe qui méprisait profondément les questions internationales et leur préférait de beaucoup les joies de l'amour. En voilà un qui aurait donné toute la navigation du Danube, plus l'équilibre du budget turc et bien d'autres balivernes encore pour un simple baiser sur deux lèvres roses! Quant à la clef des Dardanelles, il l'eût cédée au premier marchand de ferrailles venu pour un simple regard de charcutière.

O Moulaër comme je te comprends! Et comme la paix du monde serait pour longtemps assurée si tous les autres étaient comme nous!

III

Le temps des élections sénatoriales était venu. C'était pour M. Van den Truff une époque tout à fait critique, capitale et intéressante. Car il s'agissait de faire élire un homme absolument dévoué à la germanisation future, un atroce juif nommé Isaac Snob, dont la nomination aurait l'importance d'une profession de foi en l'honneur de l'annexion. Pour le conseiller Moulaër, ce n'était pas, d'ailleurs, un temps indifférent non plus. Car tandis que M. Van den Truff allait bavarder dans les cabarets et faire de la propagande, lui, Moulaër, prenait d'excellentes lippées d'amour avec sa femme et s'en donnait à tire-larigo de ce que vous savez aussi bien que moi. Héloïse aussi aurait bien voulu que cela durât toujours, et, comme elle était dévote, elle faisait une neuvaine pour qu'il y eût ballotage et que tout fût à recommencer. Dieu ne pouvait manquer de l'ouïr favorablement pour la grande ardeur de ses prières et la sainteté de leur cause.

Cependant, le grand jour approchant, M. Van den Truff avait préparé son bulletin de vote avec un soin religieux. Sur un admirable petit morceau de papier de choix il avait inscrit le nom d'Isaac

Snob et l'avait entouré d'une arabesque décorative, dont les quatre coins figuraient des casques prussiens et dont le tout composait un encadrement d'emblèmes ingénieux. Il avait passé sept ou huit heures à cette inepte occupation et, ce miracle de sottise achevé, l'avait mis dans la poche de sa culotte.

Le grand jour venu, il sortit dès l'aube, radieux et triomphant, car il avait trois bonnes lieues à faire à pied pour aller déposer dans l'urne son tant précieux bulletin.

Je ne mentirai pas en affirmant qu'une demi-heure à peine après son départ, M. le conseiller Moulaër avait pris galamment sa place dans le lit de Mme Van den Truff. Ne me demandez pas pourquoi faire. Je feindrais de l'ignorer pour vous donner une haute idée de ma belle éducation. Mais si quelque dame s'ennuie jamais, un matin, toute seule dans son lit, après le départ de son mari, je suis prêt à lui conter tout bas la chose... sans d'ailleurs, dire le moindre mot inconvenant.

IV

Qui jure ainsi sur le grand chemin, en tapant du pied et en se démenant comme un diable ? C'est

M. Van den Truff, mes amis, ce bon Van den Truff qui s'est aperçu, juste à mi-route, qu'il avait oublié son petit chef-d'œuvre graphique, son tant estimé petit papier. Pour se faire plus beau, n'avait-il pas mis sa culotte neuve, oubliant le fameux bulletin dans la poche de l'autre. L'autre! Parbleu! Elle était au pied de son lit : il la voyait comme je vous vois, sur une chaise, les jambes pendantes. Tant pis! il voterait comme tout le monde sur le premier chiffon blanc venu. Mais avoir perdu tant de peine! Non! morbleu! Cela ne sera pas dit. M. Van den Truff rebroussa résolument chemin et se mit à courir dans le sens de sa maison, soufflant comme un phoque, suant comme un saule dont le vent penche la chevelure dans l'eau, blasphémant comme un hérétique, envoyant l'univers entier à tous les diables, et lui-même avec le reste de l'univers.

— Ah! mon Dieu! fit Héloïse, en l'entendant mettre la clef dans la serrure.

— Je regrette bien d'être ici, dit le conseiller Moulaër.

Et, tout en exprimant cette plainte, il plongeait sous les couvertures, ce qui est toujours prudent en pareil cas et souvent agréable dans les autres.

Mais M. Van den Truff, honteux de sa distraction, n'avait aucune envie de faire le matamore. Les rideaux fermés laissaient la chambre dans une obscurité presque complète. D'ailleurs, il pensait bien à regarder s'il y avait quelqu'un dans le lit de sa femme!

— Chut ! C'est moi, Bobonne ! Ne te réveille pas !

Je vous prie de croire que Bobonne n'alluma pas la lumière. Le conseiller Moulaër, non plus, n'eut aucune envie de se signaler par quelques amusements pyrotechniques. Tous deux firent les morts, ce qui est charmant, à la condition toutefois de ne pas l'être pour de bon.

M. Van den Truff avait déjà refermé silencieusement la porte et s'était remis en route. Il avait trouvé son pantalon à l'endroit prévu et, dans la poche, son papier plié en deux comme il l'avait mis lui-même la veille.

Aussi, l'ayant précieusement serré dans sa nouvelle culotte, se remit-il à courir comme si des fusées lui brûlaient le derrière. Ce n'était plus un homme mais un cerf de la tête aux pieds.

V

Il arriva, fut acclamé par quelques imbéciles et jeta son bulletin dans l'urne. Puis il attendit. Il attendit le dépouillement du scrutin, se disant avec orgueil :

— Je suis sûr qu'on devinera que c'est moi.

O triomphe inattendu ! Il fut nommé assesseur

pour présider à cette importante opération. Elle commença, avec les pointages usités, les répétitions demandées et tout le train-train ordinaire.

Tout à coup l'homme honorable qui appelait les noms, après avoir déplié les bulletins, rougit, fit une grimace épouvantable, froissa vivement le petit papier qu'il venait de lire et le jeta violemment à terre.

— Bulletin nul! fit-il d'une voix indignée.

— Pourquoi ça! demanda M. Van den Truff avec sévérité.

— Bulletin nul, vous dis-je? c'est une mauvaise plaisanterie.

— Il n'y a pas de plaisanterie qui tienne! reprit M. Van den Truff, je veux voir.

— Vous êtes fou!

— Je veux voir! vous répété-je! c'est mon droit!

— Eh bien! que le diable vous emporte et regardez si cela vous amuse!

M. Van den Truff bondit sur la boulette de papier, la déroula avec fureur et lut ceci :

« Demain, cet animal de Van den Truff part à quatre heures du matin. Je t'attends à cinq au plus tard, mon chéri. Nous ferons la fête! Je ne te dis que ça!

« Ta fidèle,

« HÉLOISE. »

— Etes-vous content, maintenant? demanda l'homme honorable qui dépouillait le scrutin.

M. Van den Truff était vert-pomme. Il balbutiait et ne comprenait pas. C'était bien simple pourtant. Il avait fouillé dans la culotte du conseiller Moulaër, laquelle avait remplacé la sienne au pied du lit et il en avait extrait le rendez-vous donné la veille, par sa femme, à son ami.

Cependant tout le monde réclamait la lecture à haute voix du bulletin pour juger de son cas de nullité. Il fallut bien en passer par là, et je vous prie de croire qu'on s'amusa ferme aux dépens du pauvre Van den Truff. Celui-ci voulut échapper, à toute force, au ridicule et déclara qu'il était l'auteur de cet écrit et avait simplement voulu faire une fumisterie. Mais alors l'homme honorable qui lisait les noms et qu'il venait de malmener, fit dresser procès-verbal immédiatement contre lui. Il fut condamné à huit jours de prison et perdit, sans retour, la confiance du gouvernement allemand.

Tout cela ne l'empêcha pas, d'ailleurs, d'être ce que j'ai dit plus haut. Car c'est un genre de place qu'on garde plus longtemps qu'une préfecture.

CAPRICE DE FEMME

I

« Cruelle Herminie,

» Sans qu'il me soit permis de vous le reprocher positivement, puisque ni la Nature, ni la Loi ne m'ont donné sur vous les droits qu'il me serait si doux d'exercer, voici trois ans que je souffre pour vous, trois ans que votre inconcevable rigueur fait de moi le major le plus malheureux de toute l'armée française. Je n'ai pas l'habitude de me vanter, mais vous êtes la première femme qui traite aussi légèrement l'affection d'un homme que ni ses avantages personnels, ni son éducation n'avaient préparé pour de pareils mépris. Depuis que je languis sottement à vos pieds, soit dit sans rancune, beaucoup m'ont remarqué et aimé en secret qui n'ont pas seulement obtenu de moi un regard. Voilà trente-six mois pleins que, pour vous plaire, je fais tous les soirs le piquet de votre conseiller de mari, ce qui m'a fait pousser une forêt de cheveux blancs. Que faut-il donc pour vous attendrir, méchante? Je ne saurais vous le cacher davantage : un immense découragement s'empare de moi, un immense découragement et un gigantesque désespoir. Je ne puis ni supporter plus longtemps une situation aussi intolérable ni renoncer à vous à qui j'ai tout sacrifié. De sinistres projets et des idées qui vous feraient frémir hantent mon cerveau. Je ne sais plus où je vais, mais je me sens sur le bord d'un abîme. Vous seule pouvez me sauver et cela serait équitable, puisque vous êtes seule la cause de tous mes maux. Je vous demande un rendez-vous suprême, un rendez-vous où je puisse vous montrer mon âme à nu dans l'horreur de ses tourments et implorer encore une fois votre pitié. Ce sera le dernier, je vous le jure. Je vous attends donc ce soir, après l'infernal piquet, dans le petit bois qui borde votre parc et où je vous ai rencontrée pour la première fois. C'est un lieu solitaire entre tous, solitaire et mystérieux avec ses ombres épaisses, ses grands arbres silencieux et le torrent qui roule au bas ses eaux tumultueuses et profondes. Vous êtes-vous jamais penchée sur ce gouffre? C'est épouvantable et il me donne le vertige à moi qui ne sais pas nager. Brrr! un homme tombé là serait à jamais perdu. Ne m'y laissez pas seul longtemps, je vous en conjure. Et maintenant j'ai dit! Comme le condamné j'attends mon sort. Quoi que vous décidiez, cruelle Herminie, à vous à jamais et jusqu'au dernier soupir.

« LAFLEUR DE MONTUTU. »

Quand il eut fini d'écrire cette lettre qu'il jugeait irrésistible, le major Lafleur de Montutu, gentilhomme français et officier estimé, sonna son ordonnance, la lui remit en lui donnant les instructions nécessaires pour la faire parvenir à son adresse.

— Grégoire, ajouta-t-il d'une voix solennelle, reviens vite, car j'ai de graves instructions à te donner et j'ai besoin de ton dévouement.

Puis, Grégoire étant parti, il alluma une pipe et tomba dans une lente rêverie.

II

Lorsque dame Herminie de Bichonnoir, légitime épouse du conseiller Onésime-Périclès de Bichonnoir, magistrat de son état et non moins cocu que magistrat, eut reçu des mains de Grégoire l'épitre du major, elle la lut en souriant d'abord, puis parut sensiblement en proie à une vive perplexité. Car ce n'était pas une méchante personne que cette grassouillette conseillère, méchante ni impitoyable aux amoureux. Bien au contraire. Elle avait rendu la vie fort douce à plusieurs et même à son mari, qui, légiste perspicace en matière d'adultère, n'avait jamais soupçonné qu'il pût exercer son flair judiciaire dans sa propre maison. Les magistrats sont gens à qui leur rond de cuir empêche volontiers de sentir les cornes leur pousser. Celui-là était un modèle de confiance conjugale, et pourvu qu'on fit son piquet tous les soirs et qu'il s'allât coucher ensuite deux heures au moins avant sa femme, il s'estimait heureux parmi les hommes bienveillants, dont la joie est d'envoyer aux galères leurs contemporains. Je ne vous ferai pas son portrait mais bien plutôt celui de dame Herminie, dont le rôle est plus intéressant que le sien dans cette petite comédie. Une charmante femme de province, souriante et confortable avec de jolis yeux moqueurs et des dents superbes qu'elle montrait avec une complaisance digne d'éloges, de petites mains dodues aux ongles roses et des pieds fort mignons qu'elle laissait voir avec une visible satisfaction; coquette s'entend, mais femme d'expérience, très rouée dans l'amoureux manège, sachant ce que vaut une aimable aventure, mais ne risquant jamais une sottise, une de ces personnes, en un mot, qui demandent à l'amour ce qu'il a d'agréable, et détournent d'elles tout ce qu'il comporte de fièvres et de dangers. Bonne enfant, mais d'un égoïsme féroce en matière de passion. Adorable, au résumé; car vous n'êtes pas sans avoir remarqué que les égoïstes sont seuls aimés ici-bas : « Aime-toi, le ciel t'aimera! » est un proverbe que je propose à la sagesse des nations.

III

Et pourquoi maintenant cette créature douce et sans préjugés avait-elle été si impitoyable aux souffrances du major Lafleur de Montutu? Mon Dieu, tout simplement parce que le major Lafleur de Montutu ne lui avait pas semblé un homme dont elle eût à attendre grand agrément. Non pas qu'il ne fût le plus empressé des galants qu'elle eût jamais vus à ses pieds, le plus empressé et le plus rempli de délicates attentions. Ses plus dévoués amants n'avaient pas tenu plus de six mois au piquet du conseiller et, comme l'avait fort bien rappelé notre ami, il y en avait six fois davantage qu'il subissait cette torture sans rien avoir touché encore des intérêts de son martyre. Mais la femme qui n'aime pas est plus cruelle à elle seule que les lionnes entourées de leurs petits, les ourses affamées et les hydres mythologiques. Le major avait contre lui un physique sur lequel il se faisait de complètes illusions en parlant de ses avantages personnels. La vérité est que, petit de taille, il avait le ventre gros et les jambes grêles, ce qui n'a jamais passé pour une beauté virile ; un nez en trompette et un front en boule, où erraient les premiers luisants de la calvitie, ce qui n'est pas précisément ce que Vénus avait remarqué dans Adonis. Il avait beau se sangler comme un cheval de course, porter de hautes bottes où s'enchaussait le néant de ses mollets, retourner ses moustaches en chat furieux pour masquer le gouffre de ses narines et ramener autour de ses tempes les derniers moutonnements d'une toison jadis frisée, Herminie, qui ayant beaucoup vu, avait aussi beaucoup retenu, ne pouvait se l'imaginer dans le costume de Mars, son glorieux patron, sans une vague envie de rire. Allez donc lutter contre ce sentiment-là ! Le génie d'Homère et la bonté de François de Sales n'auraient pas raison d'une femme que votre frimousse emplit de ce genre de gaîté. Je dois le dire cependant, bien que ridicule dans le fond et dans la forme, la lettre du major avait un ton convaincu et désespéré qui toucha un instant la conseillère au point qu'elle résolut de lui accorder le rendez-vous qu'il demandait, ne fût-ce que pour lui faire un peu de morale en jouissant discrètement de l'excès de son douloureux affolement.

IV

Un chemin, un sentier plutôt, bordé, d'un côté, par de magnifiques peupliers dont les têtes oscillent dans un frisson argenté de lune ; de l'autre par une eau courante où s'éparpille en chevelures d'or le reflet d'or des étoiles. Derrière les peupliers, la profondeur des taillis où le souffle du soir cueille le parfum des fleurs obscures, en gémissant délicieusement comme pour faire un orchestre à la claire chanson du rossignol. Par delà la rivière clapotante, une plaine dont les hautes herbes ont un mouvement rythmique de vague assoupie, et, tout au loin, de rouges lueurs indiquant le hameau où les vieux prolongent en récits la veillée. C'est dans ce décor que, conformément au programme que lui-même avait tracé, le major a attendu la conseillère qui l'est venue rejoindre tête baissée, une rose mourante aux lèvres et d'un pied hésitant. Il y a une demi-heure déjà, pour le moins, qu'ils causent, et les lucioles, qui sont de curieuses petites bêtes, ont pris un vif plaisir aux péripéties de leur entretien. Elles ont vu le major tour à tour menaçant et suppliant, la conseillère alternativement inexorable et attendrie. Le major a déchiré sa culotte aux genoux en se traînant à terre, et la conseillère a perdu son fichu en défendant son cou des bras entreprenant de l'officier. Cèdera-t-elle? Elle en semble bien près, mais un animal de rayon de lune, glissant subitement entre deux petites nuées, profile impitoyablement sur le sable jaune de l'allée la silhouette du major, exagérant, en caricature d'ombre, la rotondité de son abdomen, l'inconsistance de ses flûtes, la révolte de son museau et la nudité de sa caboche. Herminie, qui s'était laissée glisser sur un banc de verdure, se lève brusquement.

— Non! non! jamais, dit-elle.
— Alors, madame, adieu pour toujours!
Plouf!

Le major La fleur de Montutu a fait trois pas dans le sentier jusqu'à une façon de petit promontoire, d'où, pareil à Sapho la Lesbienne divine, il s'est élancé dans l'eau tourbillonnante.

Herminie a mis ses deux mains sur son front, muette de remords et d'horreur.

V

Un silence — puis un second : Plouf! puis le bruit vague de l'eau fendue. Herminie n'ose toujours pas soulever de ses yeux le voile qu'y forment ses doigts crispés. Elle se résout enfin. Elle jette un regard plein d'angoisse sur l'autre rive, dont les herbes crient comme broyées. Un : Ah ! de délivrance monte de sa poitrine. Elle ne peut croire ce qu'elle voit : le major ruisselant aux bras d'un grand gaillard tout nu. Ce gaillard, c'est Grégoire, l'ordonnance fidèle que son supérieur avait apostée là pour le repêcher comme par hasard, quand son suicide aurait fait son effet. Canaille de Montutu ! Seulement Grégoire, qui n'avait pas le secret de la comédie, avait trouvé tout simple de se déshabiller complètement pour ne pas abîmer ses effets d'habillement dans cette opération. Vrai Dieu ! le beau gars, jeune et robuste ! La lune tout à fait délivrée de sa prison de vapeurs éclaire en plein sa musculature luisante d'eau, puissante et souple. Il y a beau temps qu'Herminie ne voit déjà plus le pauvre diable de major grotesque et se secouant dans le gazon comme un caniche mouillé. Vous m'en croirez si vous voulez ; mais c'est à Grégoire seul que profita le stratagème du malheureux Montutu. Ce fut Grégoire qui fut aimé pour le suicide de son supérieur.

Et moi je trouve que c'est bien fait.

Je n'estime que l'honnêteté en amour, et l'homme qui fait semblant de se tuer pour une femme est un malotru. Vous savez que le conseiller Bichonnoir, qui a de l'influence dans le gouvernement, s'en est mêlé. Grégoire est déjà sous-lieutenant. Moi je voudrais qu'il devînt le général de cet imbécile de major afin de pouvoir dire aux jeunes officiers qui abusent les dames par un tas de grimaces et de feints désespoirs: si vous voulez savoir où cela mène, mes enfants, regardez Lafleur de Montutu.

ÉPIPHANIQUES ÉCHOS

―――

I

C'était un aimable vivant que le marquis Bonbon de la Bretonnière et assez progressif, ma foi, pour un homme comptant des aïeux à la première croisade, aimant à s'amuser pourvu que cela ne lui revînt pas trop cher, n'en perdant aucune occasion économique, bien accueilli partout à cause de sa belle humeur, au demeurant un être exquis. Sa femme seule, avant l'hymen damoiselle Véturie des Épinettes, en pensait moins de bien que le reste du monde. Pourquoi ? Du diable si je veux me mêler de leurs affaires de ménage ! Je me suis laissé dire pourtant que le marquis, qui avait mené, en son beau temps, une vie de polichinelle en goguette, avait prématurément abdiqué les plus nobles devoirs de son sacerdoce matrimonial, n'offrant plus à son épouse, durant

Les tièdes voluptés des nuits mélancoliques,

que d'austères conversations sur la tenue de la maison et les rythmiques ronflements d'un nez toujours encombré de tabac. Or, Véturie, qui venait de doubler seulement le cap de la quarantaine et constituait encore un ragoût d'amour fort présentable à un connaisseur, — car vous savez que les connaisseurs n'estiment ni les vins trop vieux ni les femmes trop jeunes, — Véturie, dis-je, supportait malaisément le désintéressement passionnel de M. Bonbon de la Bretonnière, et avait le caractère fort aigri par cet anormal état de choses. Elle avait des principes et même de la vertu. Néanmoins elle commençait à n'être pas insensible aux empressements du capitaine Venteclair, du 2ᵉ cuirassiers, en garnison à Melun, c'est-à-dire à moins de trois lieues du château habité par ce couple que je vous viens de décrire.

II

Il est minuit, heure à laquelle Véturie est particulièrement agacée et que le marquis choisit toujours pour l'entretenir des curiosités du ménage. C'est l'Epiphanie le lendemain, et le ménage de la Bretonnière a invité quelques amis pour tirer les Rois. A cet effet, monsieur a passé la journée à Paris pour s'approvisionner aux Halles, ce qu'il ne manquait jamais de faire personnellement pour payer ses comestibles moins cher.

— As-tu fait, commence-t-il, choisir de la belle farine pour la galette?

— Non ! Je vous ai attendu pour ça.

— Regarde la jolie petite poupée en porcelaine que j'ai acquise pour mettre dedans.

— Fi ! Quelle horreur !

— C'est la grande mode aujourd'hui, Véturie.

— J'en suis désolée, Euryale, mais nous né sacrifierons pas à cette mode-là.

— Et que prétendez-vous insinuer dans la pâte ?

— Un haricot, monsieur, un simple haricot. Nos pères se contentaient de cela et jamais au château des Epinettes on ne recourut à autre chose. Mais vous êtes un révolutionnaire, vous ! un Jacobin ! un gobe-mouche des grands mots de progrès et de liberté ! Vous devriez vous rappeler que vous recevez demain la fine fleur de la noblesse avoisinante.

— Au fait, qui as-tu invité ?

— Les Bidet de Beauvisage, les Babillard du Fessier, les Piton de Clyssoire, le capitaine Venteclair...

— Mais je ne le connais pas, ce capitaine Venteclair !

— Vous le connaîtrez demain. Il brûle de vous être présenté. C'est d'ailleurs, malgré son nom roturier, un homme bien né et qui tient aux Epinettes par les Bodet de la Roussinière.

— Et tu oseras offrir à ces gens-là un simple haricot ?

— Certainement.

— A ton aise, Véturie ; mais je veux que ma petite poupée soit aussi dans le gâteau. Je l'y fourrerai plutôt moi-même, sacrebleu ! Je ne suis pas un arriéré, moi, et j'entends suivre les usages.

— Vous êtes un sot, Euryale.

— Et vous une mule, Véturie.

Après cet échange d'idées, M. Bonbon de la Bretonnière souffle la bougie et commence sa musique nasale, au grand scandale de sa moitié.

III

Il est encore minuit, mais nous sommes à la nuit d'après, à celle qui a suivi le repas offert par le munificent marquis. Tout a été fort bien, si ce n'est qu'au grand étonnement de tout le monde, aucun objet destiné à consacrer un Roi n'a été trouvé dans la galette, d'ailleurs excellente. Euryale et Véturie seuls, tout en se mêlant aux menus propos des convives sur ce projet, n'ont pas paru autrement stupéfaits. Tout au plus ont-ils échangé un regard d'intelligence soupçonneux et moqueur à la fois. Puis on a bu du champagne et l'incident a été clos, comme on dit en style parlementaire, ce qui donnerait à penser que tous les incidents ont la forme d'un vase, d'une porte ou d'un champ, ce qui est bien audacieux comme image. Mais bah ! les belles-lettres et la pureté du langage ne sont pas pour intéresser notre République athénienne. Je reviens au ménage Bonbon de la Bretonnière qui vient de se mettre au lit. Par extraordinaire, Madame est d'une humeur charmante et gaie comme une petite folle. En faut-il remercier les deux doigts de cliquot qu'elle a humés ? Peut-être. Mais peut-être aussi conviendrait-il d'en exprimer quelque reconnaissance au quart d'heure de tête-à-tête qu'elle a passé avec le capitaine Venteclair dans le petit salon à peine éclairé, tandis que les Bidet de Beauvisage, les Babillard du Fessier, les Piton de Clyssoire et *tutti quanti*, la croyant en train de faire préparer le thé, achevaient un trente-et-un monstre. Mettons que les deux sont pour quelque chose dans sa joyeuse tenue et n'en parlons pas davantage.

— Soirée charmante! dit le marquis avec conviction.

— Soirée charmante! répète le marquise avec un délicieux ricanement.

— Bonsoir, mignonne!

— Bonsoir, amour!

Et futtt! La lumière s'éteint.

Un instant après, M. le marquis avait repris son oratorio pour orgue nocturne. Mais qu'entends-je, morbleu? Nous avons donc choisi un morceau pour deux voix? Ceci va bien au nez, mais n'en vient pas. Quel son plein, d'ailleurs, magnifique, mais odorant! Cent mille francs par soirée au ténor qui donnera par là des *ut* de poitrine!

— Malpropre! s'écria la marquise exaspérée.

Mais M. de la Bretonnière, sans s'émouvoir:

— C'est votre faute, Véturie. C'est le haricot que vous avez mis dans la galette malgré ma défense, et que j'ai avalé sans rien dire, pour vous empêcher d'être ridicule.

IV

Il est toujours minuit (voyez si jamais personne a mieux respecté que moi la règle de l'unité de temps chère à Aristotelès) ; seulement nous sommes à huit mois de distance de l'Epiphanie, comme qui dirait au 6 septembre, pour ne laisser aucune objection à faire aux dilettanti du calendrier. Voilà bien trois mois déjà que M. le marquis est soucieux devant l'embonpoint croissant de Mme la marquise. Il a eu beau supprimer les farineux du régime de Véturie, ne lui plus laisser boire d'eau, la condamner aux viandes saignantes, lui imposer des exercices quotidiens et de longues promenades, rien n'y a fait. Depuis quelque temps d'ailleurs cet excès de santé se localise et ce sont les flancs de Mme de la Bretonnière qui s'élargissent, sans préjudice de la galante façon dont son aimable ventre pointe au soleil. Il a fait remarquer cette silhouette rebondie au docteur Patouillet, qui a éclaté de rire en lui disant :

— Gros polisson ! à votre âge ! Je vous souhaite un garçon !

— Pardon ! pardon ! gros polisson ! a pensé M. le marquis. Pas si polisson que ça !

Et remémorant son examen de conscience, il se

convainc qu'il n'a pas été polisson du tout. Alors?... Eh bien oui, alors! quelqu'un a été polisson pour lui. Vertuchoux! Un Bonbon de la Bretonnière trompé! Voilà plus d'une semaine qu'il rumine une explication en règle, qu'il rédige *in petto* un acte d'accusation terrible, qu'il confond la coupable par la pensée. Quel sujet de conversation cependant! Avec ça que Véturie n'est pas endurante, et que si cet imbécile de docteur Patouillet s'est trompé, elle va faire une musique indignée. Enfin, il le faut. L'héroïque Bonbon de la Bretonnière se l'est juré à lui-même.

— Madame, Dieu me damne, dit-il d'une voix résolue et sans avant-propos, mais vous allez avoir un enfant!

Mais madame la marquise sans se décontenancer :

— C'est votre faute, Euryale. C'est le petit bébé en porcelaine que vous avez mis dans le gâteau, malgré mes prières, et que j'ai avalé pour qu'on ne se moquât pas de vous.

LE COMBLE DE L'INDIFFÉRENCE

I

Dans la haute pièce aux murailles dessinées d'arabesques d'or et qu'éclaire une seule fenêtre tamisant, comme une poussière d'or, l'adieu lumineux du soleil couchant, où l'âme des parfums flotte éparse avec les dernières clartés du jour, sur un amoncellement de coussins moelleux que des tapis de Smyrne recouvrent, Maboul-Pacha est étendu, plein de rêverie, aspirant à peine, par bouffées légères, la fumée bleue de sa longue pipe au bouquin d'ambre laiteux. Sa barbe vénérable roule en fleuve d'argent le long de sa poitrine chamarrée de broderies, et se sépare en deux ruisseaux pour embrasser son ventre pareil à une colline considérable. Ses deux jambes grassouillettes sont croisées nonchalamment, et tout, en sa personne, respire l'ennui d'un apaisement trop complet, le découragement du désir, avec je ne sais quoi d'infiniment respectable dû à son grand âge et à l'expérience immense qu'il avait de la vie. C'est que Maboul-Pacha avait été un homme également célèbre par la beauté de sa personne, la grandeur de sa fortune et l'inépuisable fantaisie de son caprice. Durant une cinquantaine d'années qu'il jouissait de tous ces avantages, il avait jeté plus de mouchoirs que n'en contiennent, à l'heure présente, tous les plus grands magasins de Paris syndiqués contre le coryza. Car ce sage avait peut-être mis la femme avant tous les autres biens de ce monde, et le culte charnel de la beauté fort au-dessus de toutes les religions connues. Mais, depuis qu'il avait été obligé, à son grand déplaisir, de faire étrangler sa favorite Fatma, pour faire un exemple dans son sérail, une grande tristesse l'avait pris, comme si la morte avait emporté dans la tombe le secret de ses dernières joies. Aussi le fidèle Aboulifar, le chef de ceux qu'on avait circoncis plus que de raison pour les rendre convenables avec les dames, était-il parti, depuis trois mois, pour chercher, de par le monde, une personne digne d'occuper la place et les fonctions discrètes de l'aimable trépassée.

II

Soudain Aboulifar entra, vêtu de blanc comme le lys dont il partageait la vie pure, imberbe comme une omelette servie à des gens délicats et, d'une voix de soprano dont le cristal tintait avec des transparences virginales :

— Maître, fit-il, j'arrive et je crois que vous serez content de moi. Je vous amène trois sujets seulement. Mais j'ose dire qu'ils sont de premier choix et de qualité vraiment supérieure. Si j'insiste sur ce fait, c'est qu'il y a beaucoup de camelote aujourd'hui dans cet article-là comme dans tous les autres, et qu'il ne convient pas de l'acheter chat en poche, comme disent les Français. Ce n'est pas pour me faire valoir, mais je me suis donné grand mal pour vous satisfaire, et je ne me saurais comparer qu'au chien fidèle qui rapporte au chasseur les plus belles pièces de venaison sans y avoir mis la dent.

Maboul-Pacha répondit à ce discours par un imperceptible signe de tête, en soufflant un petit nuage d'azur dont son turban fut un instant enveloppé.

Alors Aboulifar souleva de nouveau la tapisserie et, sur un signe de lui, trois jeunes personnes entrèrent, n'ayant pas même une seule feuille de vigne à elles trois, emplissant soudain la chambre de cette délicieuse odeur de femme nue qui vaut mieux que celle des plus belles roses, les cheveux dénoués et pendant magnifiquement sur leur corps. Mais Maboul-Pacha avait déjà repris sa méditation, et la respiration rythmique de son chibouck indiquait seule le mouvement assez vague de sa pensée. C'est presque comme un homme endormi qu'il laissa parler Aboulifar, le chef de ceux qu'on avait circoncis plus que de raison pour les rendre convenables avec les dames.

III

— Celle-ci, dit Aboulifar, est Dolorès, et je l'ai été chercher au fond de l'Andalousie. Elle m'a suivi d'ailleurs avec empressement pour échapper à la justice de son pays qui la poursuivait parce qu'elle avait poignardé son amant. A part cette petite tendance à la jalousie, elle m'a paru d'un caractère excellent et elle joue remarquablement des castagnettes, en dansant des pas éminemment voluptueux. J'aurais continué de faire l'article à mon maître, mais je vous prierai néanmoins de remarquer l'admirable proportion des hanches de mademoiselle. On dirait une amphore antique dans sa pureté de lignes. Le superbe ton ambré de la peau mérite bien aussi l'attention d'un amateur sérieux. On dirait que le sang y roule des Pactoles. Les yeux sont tout ensemble langoureux et vifs, souriant sur des dents petites et blanches. La chevelure a les reflets bleus d'un ciel nocturne, et son ombre palpite, comme les ailes d'un oiseau blessé, sur le front étroit et doré comme un couchant d'automne. Il semble qu'une mûre se soit écrasée sur les lèvres rouges et charnues. L'oreille est fine et nacrée comme un coquillage avec des contours délicieusement luisants. Les jambes manquent peut-être un peu de longueur (vous voyez que je vais au-devant des objections), mais le mollet est très gai et la cheville d'une flexibilité charmante.

Aboulifar se tut. Mais c'est en vain qu'il attendit une réponse quelconque de son nouveau maître. Celui-ci continuait de fumer, les yeux fixés sur la tête rouge de son chibouck. Seul, un frisson de barbe blanche n'indiqua qu'il avait pris quelque plaisir à ce morceau original. Mais, habitué à causer avec des muets, Aboulifar ne se rebuta pas pour si peu.

VI

— Celle-là, continua-t-il, se nomme Gretchen, et je fus la quérir en Allemagne. Ce n'est pas parce qu'elle se déplaisait dans son pays qu'elle m'accompagna. Mais, à peine lui eus-je dit l'ouvrage qu'on attendait d'elle ici qu'elle déclara qu'il était absolument de son goût. Non pas que ce genre d'occupation manque là-bas aux demoiselles de bonne volonté, mais il est piétrement rétribué, et les patrons qui le commandent sont des gens mal élevés, grossiers et mauvais payeurs Aussi les femmes de sa race se répandent-elles volontiers sur le reste du monde pour s'y livrer dans de plus aimables conditions. Je vous signalerai l'appétissante santé du sujet, l'abondance des contours sinon leur perfection plastique, la solide façon dont mademoiselle est posée sur deux pieds qui soutiendraient un Panthéon, ses cheveux d'un beau jaune clair et ses yeux aux jolis tons de faïence. Sa conversation n'est pas intéressante ni spirituelle, mais il y a un sérieux plaisir à la voir engloutir des choucroûtes fumantes. Hors les confitures et les enfants, je crois qu'elle ne sait rien faire, mais elle a la digestion calme et de bonne humeur, une certaine majesté béate, et je la recommanderais volontiers à un homme n'ayant aucun besoin de conversation ; car, je ne vous dissimulerai pas qu'elle a un accent absolument désagréable. Une belle fille au demeurant.

Ainsi conclut Aboulifar.

Son maître ne parut même pas s'apercevoir qu'il avait fini de parler, et le crépitement du tabac nouveau dans sa pipe fut la réplique à ce discours. Aboulifar parut trouver cela suffisant.

— La troisième et dernière, poursuivit-il, est Jeanne, et je l'ai ramenée de Paris. A peine a-t-elle su qu'il était question du harem de Votre Grandeur qu'elle a voulu se mettre en route. C'est une personne tout à fait distinguée qui fait partie de la Société pour l'émancipation de la femme. De vous à moi, elle vient ici pour prêcher la croisade à ces dames et révolutionner votre maison. Ce sera très rigolo ! Le but que poursuivent les adhérentes à son programme est l'abolition de toute classe de femmes spécialement vouées au plaisir. Ces personnes-là entendent qu'il y en ait pour toutes. Quand les célibataires n'auront plus sous la main les maîtresses à tout faire que leur fournit la dépravation des grandes villes, il faudra bien qu'ils s'adressent, comme au temps de Brantôme, aux « belles et fort honnestes dames » du monde. Ça n'est pas bête, n'est-ce pas ? Maintenant que vous connaissez les idées révolutionnaires de Mlle Jeanne, souffrez que je vous fasse admirer sa gorge aux fermes et savoureuses rondeurs et le rebondissement voluptueux de ses reins qui semblent une cascade de lys, la malice enjouée de ses yeux noirs et la cruelle gaieté de son sourire, tout le charme enfin qui fait des femmes de ce pays les plus adorables de l'univers. Ah ! le pied ! regardez le pied ! Un miracle de petitesse et d'aristocratie. Les femmes de France, mon maître, il n'y a que ça ! Et puis, celle-ci a de l'esprit et nous fera rire. Voyons, n'est-elle pas adorablement jolie ?

Aboulifar demeura sur ce point d'interrogation.

Alors, avec le geste ennuyé d'un homme que le silence même réveille, Maboul-Pacha retira enfin de ses lèvres le bouquin d'ambre laiteux de sa longue pipe et, d'une voix traînante, il dit au chef de ceux qu'on avait circoncis plus que de raison pour les rendre convenables avec ces dames :

— Ma foi, Aboulifar, choisis comme pour toi.

Aboulifar sentit un éclair d'orgueil passer dans ses yeux, devant cette marque de confiance de son sérénissime patron. Mais, après une minute de réflexion, il baissa la tête et il se fit un grand silence dans la haute pièce aux murailles dessinées d'arabesques d'or et qu'éclaire une seule fenêtre, tamisant comme une poussière d'or l'adieu lumineux du soleil.

FIN

TABLE DES MATIÈRES

La double idylle. 1
La lune 9
Conte d'antan. 17
Le chevalier de Herenthal 23
Le de profundis de Huguette 35
Les chevaliers. 43
Causerie darwinienne 55
Curiosité provinciale. 69
Cuisine bourgeoise. 79
Figure de rhétorique. 93
L'attention mal récompensée. 103
Philanthropie 117
Jeannette 127
Le centenaire de Diafoirus 137
Chronique d'antan. 149
Astronomie populaire 159
Histoire de fleurs. 169
Fatalité 179
Petite correspondance. 187
Le madgyar et le tailleur. 199
Le vote de M. Van den Truff. 209
Caprice de femme. 219
Epiphaniques échos 229
Le comble de l'indifférence. 237

Emile Colin. — Imprimerie de Lagny

EXTRAIT DU CATALOGUE
DE LA
Librairie C. MARPON et E. FLAMMARION
RUE RACINE, 26, PRÈS L'ODÉON

ŒUVRES DE CAMILLE FLAMMARION

Ouvrage couronné par l'Académie française

ASTRONOMIE POPULAIRE

Quatre-vingtième Mille

Un beau volume grand in-18 jésus de 840 pages
Illustré de 360 gravures, 7 chromolithographies, cartes célestes, etc.
Prix : broché, 12 fr.; — Relié toile, tr. dor. et plaque, 16 fr.
Le même ouvrage, édition de luxe, 2 vol. gr. in-8°, 30 fr.

LES ÉTOILES ET LES CURIOSITÉS DU CIEL

DESCRIPTION COMPLÈTE DU CIEL, ÉTOILE PAR ÉTOILE,
CONSTELLATIONS, INSTRUMENTS, ETC.

Quarantième Mille

Un volume grand in-8° jésus, illustré de 490 gravures, cartes
et chromolithographies
Prix : broché, 12 fr.; — Relié toile, tr. dorées avec plaque, 16 fr.

LES TERRES DU CIEL

VOYAGE SUR LES PLANÈTES DE NOTRE SYSTÈME
et descriptions des conditions actuelles de la vie à leur surface
OUVRAGE ILLUSTRÉ
DE PHOTOGRAPHIES CÉLESTES, VUES TÉLESCOPIQUES, CARTES & 400 FIGURES
Un volume grand in-8°
Prix : broché, 12 fr.; — Relié toile, tr. dorées et plaque, 16 fr.

LE MONDE AVANT LA CRÉATION DE L'HOMME

ORIGINES DU MONDE
ORIGINES DE LA VIE — ORIGINES DE L'HUMANITÉ
Ouvrage illustré de 400 figures, 5 aquarelles, 8 cartes en couleur
Un volume grand in-8° jésus
Prix : broché, 10 fr.; — Relié toile, tr. dor., plaques, 14 fr.

*Souscription permanente de ces ouvrages en Livraison à
10 centimes et en série à 50 centimes*

ŒUVRES DE CAMILLE FLAMMARION (Suite)

DANS LE CIEL ET SUR LA TERRE
TABLEAUX ET HARMONIES
Illustrés de quatre eaux-fortes de Kauffmann
1 volume in-16 grand jésus. — Prix : 5 fr.

LA PLURALITÉ DES MONDES HABITÉS
AU POINT DE VUE DE L'ASTRONOMIE
DE LA PHYSIOLOGIE ET LA PHILOSOPHIE NATURELLE
33ᵉ édition. — 1 vol. in-18 avec figures. — Prix : 3 fr. 50

LES MONDES IMAGINAIRES ET LES MONDES RÉELS
REVUE DES THÉORIES HUMAINES SUR LES HABITANTS
DES ASTRES
20ᵉ édition. — 1 vol. in-18 avec figures. — Prix : 3 fr. 50

DIEU DANS LA NATURE
OU LE SPIRITUALISME ET LE MATÉRIALISME DEVANT LA SCIENCE
MODERNE
10ᵉ édition. — 1 fort vol. in-18 avec portrait. — Prix : 4 fr.

RÉCITS DE L'INFINI
LUMEN. — HISTOIRE D'UNE AME. — HISTOIRE D'UNE COMÈTE
LA VIE UNIVERSELLE ET ÉTERNELLE
10ᵉ édition. — 1 vol. in-18. — Prix : 3 fr. 50

SIR HUMPHRY DAVY

LES DERNIERS JOURS D'UN PHILOSOPHE
ENTRETIENS SUR LA NATURE ET SUR LES SCIENCES
Traduit de l'anglais et annoté
7ᵉ édition française. — 1 vol. in-18. — Prix : 3 fr. 50

MES VOYAGES AÉRIENS
JOURNAL DE BORD DE DOUZE VOYAGES EN BALLONS, AVEC
PLANS TOPOGRAPHIQUES
1 volume in-18. — Nouvelle édition. — Prix : 3 fr. 50

BIBLIOTHÈQUE SCIENTIFIQUE POPULAIRE
PUBLIÉE SOUS LA DIRECTION DE
CAMILLE FLAMMARION

LA CRÉATION DE L'HOMME
ET LES
PREMIERS AGES DE L'HUMANITÉ

Par H. du CLEUZIOU

OUVRAGE ILLUSTRÉ DE 400 FIGURES
5 GRANDES PLANCHES TIRÉES A PART, 2 CARTES EN COULEUR
1 volume grand in-8° Jésus

PRIX : Broché . . . . 10 fr.
— Relié toile, tranches dorées, plaque. 14 fr.

GUSTAVE LE BON

LES
PREMIÈRES CIVILISATIONS

OUVRAGE ILLUSTRÉ DE 484 GRAVURES ET RESTITUTIONS
9 GRANDES PLANCHES TIRÉES A PART, 2 CARTES
1 volume grand in-8° Jésus

PRIX : Broché . . . . 10 fr.
— Relié toile, tranches dorées, plaque. . 14 fr.

Souscription permanente de ces deux ouvrages en livraisons
à 10 centimes et en séries à 50 centimes

Dans la même collection, en préparation
CH. BRONGNIART

HISTOIRE NATURELLE
Édition grand in-8° illustrée

ALPHONSE DAUDET

LA BELLE-NIVERNAISE
Histoire d'un vieux Bateau et de son Équipage
ÉDITION DE GRAND LUXE
Illustrée par MONTÉGUT, de 200 Gravures dans le texte et de 21 Planches à part tirées en phototypie

Un beau volume grand in-8° jésus

Prix : broché, 10 fr. — Relié toile, tr. dor., pl. or, 14 fr.
Demi-chagrin, 16 fr.

HECTOR MALOT

LA PETITE SŒUR
Un beau volume grand in-8° jésus
ILLUSTRÉ
PAR CHAPUIS, DASCHER, G. GUYOT, H. MARTIN, MOUCHOT,
ROCHECROSSE, VOGEL
GRAVURE DE F. MÉAULLE
PRIX :
Broché : 10 fr. — Relié toile, tranches dorées : 14 fr.
Demi-chagrin, tranches dorées : 16 fr.

ALPHONSE DAUDET

TARTARIN SUR LES ALPES
ÉDITION ILLUSTRÉE DE 150 COMPOSITIONS
PAR
MM. MYRBACH, ARANDA, DE BEAUMONT, ROSSI, MONTENARD
Frontispice et couverture, aquarelles de ROSSI
PORTRAIT DE L'AUTEUR

Un volume in-18. — Prix .... 3 fr. 50
Reliure toile, plaque : 5 fr. — En belle reliure d'amateur 6 fr.

TARTARIN DE TARASCON
ÉDITION ILLUSTRÉE
PAR MONTÉGUT, ROSSI, MIRBACH, ETC.
Un volume in-18. — Prix ...... 3 fr. 50

D# P. LABARTHE

DICTIONNAIRE POPULAIRE

DE

MÉDECINE USUELLE

D'HYGIÈNE PUBLIQUE ET PRIVÉE

Illustré de près de 1,100 figures

Publié par le Docteur Paul LABARTHE

AVEC LA COLLABORATION

De professeurs agrégés de la Faculté de Médecine,
de Membres de l'Institut, de l'Académie de Médecine, de Médecins
et de Pharmaciens des Hôpitaux,
de Professeurs à l'École pratique, d'anciens chefs de clinique
et des principaux spécialistes.

---

*L'ouvrage forme deux beaux volumes grand in-8° jésus
de près de 2,000 pages.*

PRIX DES DEUX VOLUMES :
Brochés : 25 fr. — Reliés, demi-maroquin : 35 fr.

Ouvrage indispensable aux familles, et contenant la description de toutes les maladies, leurs symptômes et leur traitement; les secours aux empoisonnés, aux noyés, etc.; l'hygiène des enfants, des femmes, des vieillards, l'hygiène de chaque profession, etc., etc.

OUVRAGE COURONNÉ PAR L'ACADÉMIE FRANÇAISE
MARIE ROBERT HALT

HISTOIRE D'UN PETIT HOMME

ÉDITION DE GRAND LUXE, ORNÉE DE 100 GRAVURES

UN VOLUME GRAND IN-8° JÉSUS

Prix : broché, 10 fr.; relié toile, tranches dorées, 14 fr.
Demi-chagrin, 16 fr.

MARIE ROBERT HALT

LA PETITE LAZARE

ÉDITION DE GRAND LUXE ILLUSTRÉE PAR GILBERT

UN VOLUME GRAND IN-8° JÉSUS

Prix : broché, 10 fr.; relié toile, tranches dorées, 14 fr.
Demi-chagrin, 16 fr.

JOSEPH MONTET

CONTES PATRIOTIQUES

EAUX-FORTES ET ILLUSTRATIONS DE
Jean Béraud, Gilbert, Le Révérent, Sergent, Chaperon, Caran d'Ache, Willette, etc.

UN VOLUME IN-16 SUR PAPIER DE LUXE

Prix : broché, 5 fr.; relié toile, tranches dor., plaque or, 6 fr.

PAUL DÉROULÈDE

MONSIEUR LE HULAN
OU LES TROIS COULEURS

ILLUSTRÉ DE 16 COMPOSITIONS DE KAUFFMAN
Tirées en couleur

UN ÉLÉGANT ALBUM IN-4°

Relié richement avec plaque en couleur. — Prix : 5 fr.

AVIS DES ÉDITEURS

Le but de la collection des *Auteurs célèbres* à 60 centimes est de mettre entre toutes les mains de bonnes éditions des meilleurs écrivains modernes et contemporains.

Sous un format commode et pouvant en même temps tenir une belle place dans toute bibliothèque, il paraît chaque semaine un volume.

CHAQUE OUVRAGE EST COMPLET EN UN VOLUME

POUR LES N°ˢ 1 A 70, DEMANDER LE CATALOGUE SPÉCIAL

8ᵉ série
- N° 71. Frédéric Soulié, Le Lion amoureux.
- 72. Hector Malot, Les Amours de Jacques.
- 73. Edgar Poë, Contes extraordinaires.
- 74. Edouard Bonnet, La Revanche d'Orgon.
- 75. Théo-Critt, Le Sénateur Ignace.
- 76. Robert-Halt, Brave Garçon.
- 77. Jean Richepin, Les Morts bizarres.
- 78. Tony Révillon, Noémi. — La Bataille de la Bourse.
- 79. Tolstoï, Le Roman du Mariage.
- 80. Francisque Sarcey, Le Siège de Paris.

9ᵉ série
- N°ˢ 81. Hector Malot, Madame Obernin.
- 82. Jules Mary, Un coup de Revolver.
- 83. Gustave Toudouze, Les Cauchemars.
- 84. Sterne, Voyage Sentimental.
- 85. Marie Colombier, Nathalie.
- 86. Tancrède Martel, La Main aux Dames.
- 87. Alexandre Hepp, L'Amie de Madame Alice.
- 88. Claude Vignon, Vertige.
- 89. Émile Desbeaux, La Petite Mendiante.
- 90. Charles Mérouvel, Caprice des Dames.

10ᵉ série
- N°ˢ 91. Mᵐᵉ Robert Halt, La Petite Lazare.
- 92. André Theuriet, Lucile Desenclos. — Une Ondine.
- 93. Edgar Monteil, Jean des Galères.
- 94. Catulle Mendès, Le Cruel Berceau.
- 95. Silvio Pellico, Mes Prisons.
- 96. Maxime Rude, Une Victime de Couvent.
- 97. Maurice Jogand (Marc-Mario), L'Enfant de la Folle.
- 98. Edouard Siebecker, Le Baiser d'Odile.
- 99. Vallery-Radot, Journal d'un Volontaire d'un an.
  (Ouvrage couronné par l'Académie française).

11ᵉ série
- N°ˢ 100. Voltaire, Zadig. — Candide. — Micromégas.
- 101. Camille Flammarion, Voyages en Ballon.
- 102. Hector Malot, Cara.
- 103. Émile Zola, Nantas.
- 104. Mᵐᵉ Louis Figuier, Le Gardian de la Camargue.
- 105. Alexis Bouvier, Les Petites Ouvrières.
- 106. Gabriel Guillemot, Maman Chautard.
- 107. Jehan Soudan, Histoires américaines (Illustrées).
- 108. Gaston d'Hailly, Fleur de Pommier.
- 109. Ivan Tourguéneff, Premier Amour.
- 110. Oscar Méténier, La Chair.

12ᵉ série
- N°ˢ 111. Guy de Maupassant, Histoire d'une Fille de…
- 112. Louis Boussenard, Aux Antipodes.
- 113. Prosper Vialon, L'Homme au Chien mu…
- 114. Catulle Mendès, Pour lire au Couvent.
- 115. Mie d'Aghonne, L'Enfant du Fossé.
- 116. Armand Silvestre, Histoires folâtres.
- 117. Dostoïewsky, Ame d'Enfant.
- 118. Émile de Molènes, Pâlotte.
- 119. Arsène Houssaye, Les Larmes de Jeanne.
- 120. Albert Cim, Les Prouesses d'une Fille.

PARIS. — IMP. C. MARPON ET E. FLAMMARION, RUE RACINE.

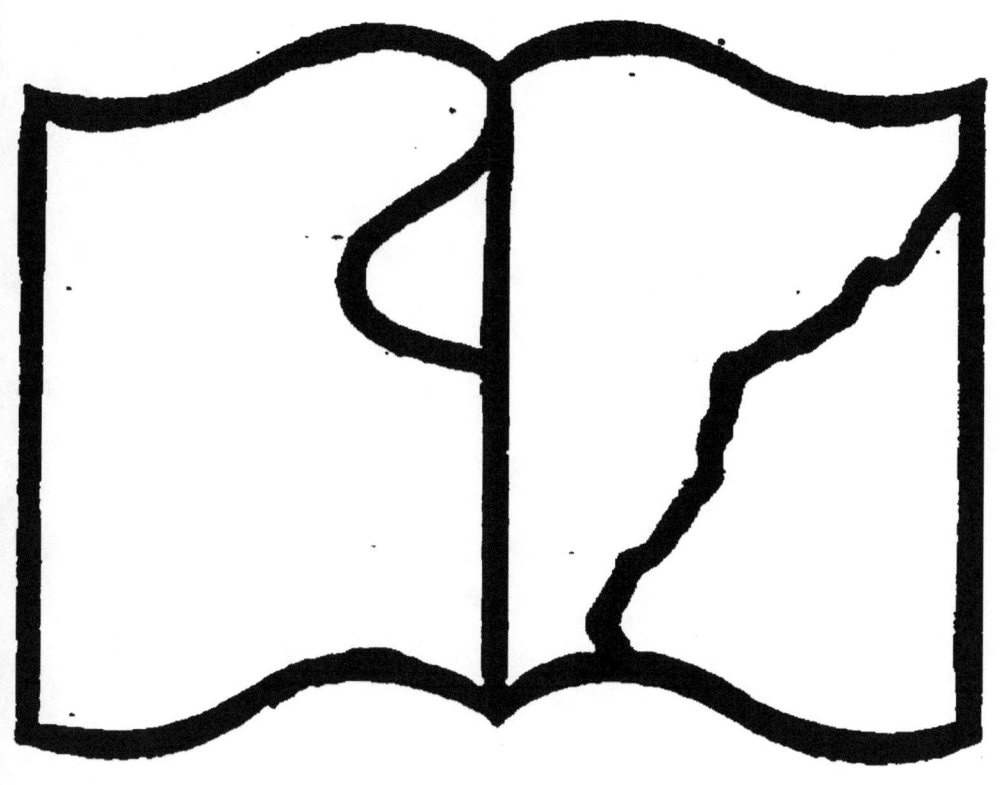

Texte détérioré — reliure défectueuse
NF Z 43-120-11

www.ingramcontent.com/pod-product-compliance
Lightning Source LLC
Chambersburg PA
CBHW070626170426
43200CB00010B/1924